身为父母，你真的确信自己对孩子的性格了如指掌吗？

培养有好性格的孩子

CULTIVATE GOOD CHARACTER OF CHILDREN

金凤◎著

中国商业出版社

图书在版编目（CIP）数据

培养有好性格的孩子 / 金凤著 . -- 北京 : 中国商业出版社，2017.11

ISBN 978-7-5044-9850-2

Ⅰ . ①培… Ⅱ . ①金… Ⅲ . ①家庭教育 Ⅳ . ① G78

中国版本图书馆 CIP 数据核字 (2017) 第 082151 号

责任编辑：姜丽君

中国商业出版社出版发行

（100053 北京广安门内报国寺1 号）

010-63180647 www.c-cbook.com

新华书店经销

三河市三佳印刷装订有限公司印刷

*

710 × 1000毫米　1/16开　15印张　230 千字

2018年1月第1版　2018年1月第1次印刷

定价：38.00元

* * * *

（如有印装质量问题可更换）

序言
PREFACE

性格，送给孩子最好的礼物

“望子成龙，望女成凤”，孩子是爱情的结晶、家庭的希望、生命的延续。身为父母，我们深爱自己的孩子，甚至可以为他们付出一切，只盼他们未来安好。父母为孩子的“奉献”都是伟大的，但有时候方式却不见得恰当。

父母爱孩子，于是，有些人给孩子能力范围内最好的衣食住行；有些人挖空心思、用尽办法让孩子进入更好的学校接受教育；有些人担心孩子未来的生存，早早就给孩子传授一些工作谋生技能；有些人实在不忍心管教孩子，任凭他们按照自己的想法恣意的成长；也有一些人，工作繁忙所以用“给钱”来体现对孩子的爱……

世界上的父母千千万，他们爱孩子的方式也各不相同，但出发点却是出奇的一致，那就是希望孩子未来会更好。

“播下一个行动，你将收获一种习惯；播下一种习惯，你将收获一种性格；播下一种性格，你将收获一种命运。”正如西班牙大文学家塞万提斯说：“每个人的命运都是由自己的性格决定。”然而，很多父母重视孩子的学业教育、技能教育、日常礼仪教育等，却往往忽视了孩子性格的培养。其实，一个良好的性格，才是送给孩子最好的礼物。

人们常说："江山易改，本性难移"，其实这种认识并不科学，性格并非都是与生俱来的，后天的培养也同样重要。

所谓性格，即人对现实的态度和行为方式中较稳定的个性心理特征。对于大多数父母来说，培养孩子的性格似乎是一件"模糊""盲目"的事情，什么样的性格才是比较好的，性格要如何培养，不知道从哪里下手，该确立怎样的目标，自己又该做些什么……

要想培养有好性格的孩子，我们就必须了解性格的构成。虽然性格具有非常复杂的结构，但总的来说，主要是四大部分：一是孩子对现实和自己的态度，比如自信或自卑，接受现实或逃避现实；二是孩子的意志特征，即是不是勇敢，遇事是不是果断；三是孩子的情绪状况，是乐观开朗还是冷静沉默，是非常易怒还是宽容平和；四是孩子情绪的理智特征，比如逻辑性是好是坏，思维是否敏捷，反应是快速还是迟缓等。

人生是一场充满岔路口的旅行，而性格则决定着孩子在关键路口走向何方。勇敢乐观的孩子不惧冒险，谨慎冷静的孩子三思而后行，冒失的孩子往往凭一时冲动做事……毫不夸张地说，性格决定着一个人的社交关系、职业取向、婚姻选择、生活状态以及是否创业、创业是否能成功等。

财富容易消逝，技能有可能落伍，明智的父母不会试图用赠予足够财富和传授谋生技能来保证孩子未来的一生，社会是多变的，谁也不知道未来会发生些什么，如果你希望自己的孩子能够从容地应对未来的一切变化，那么，授人以鱼不如授人以渔，从小开始帮助孩子培养一个好性格吧！性格是一种无形的力量，更是一种资产，而且是孩子可以依仗一生的资产和力量。

培养孩子的性格并不是一朝一夕的事情，也没有任何捷径可走，父母们要做好长期坚持的准备。世界上没有完全相同的两片树叶，也没有性格完全相同的两个人，在培养孩子性格的过程中，还要注意“因材施教”，一个性格偏文静的孩子，却非要往活泼的方向引导，那么必然难以起到良效。

值得注意的是，性格没有好坏之分，身为父母，千万不要陷入自己的“主观思维”中，认为外向就是好性格，内向就是糟糕的性格，或是陷入“完美主义者”的泥潭，无法容忍孩子的任何性格缺点，在培养孩子性格时要求过于严厉，这些都是非常不可取的。

不管是古代的教育先贤，还是近代的教育家，都十分强调“言传身教”的作用。一个脾气暴躁，动不动就发火的父母，即便教育方式方法再科学，也无法养育出一个性格上心平气和的孩子。父母要想帮助孩子养成好性格，就必须严格要求自己，以身作则，努力克服弥补自己性格上的不足，与孩子一起共同成长，如此一来，孩子才可能成为一个性格讨喜的人。

性格培养并非没有规律和方法可循，本书比较系统地讲述了培养孩子好性格的过程以及方法，从科学性格测试了解孩子现有性格特质，到孩子的自我认知、积极性格、环境适应的强化培养，再到独立能力、情绪自控、抗挫能力、专注能力、包容能力等的训练和引导，给广大家长们提出了一个科学、有效、可操作的性格培养方案。

希望天底下所有“望子成龙”“望女成凤”的父母们都能从本书中获益，找到培养孩子好性格的“秘诀”，帮助孩子在性格上健康成长，不断地朝着成功的方向转变。

目录
CONTENTS

人人都希望自己的孩子性格积极向上，但事实上却并非如此。你想让自己的孩子成为一个自信开朗、追求卓越的人吗？首先，要从积极性格的养成说起。

一个拥有积极性格的孩子，必然会拥有很强的环境适应能力。不过环境适应力可不是天生的，那么，究竟该如何培养呢？

有这样一类性格的人：他们依赖别人，没有独立思想、不能独立生活、遇事难以抉择……其实这都是因为缺乏“独立”，锻造独立能力是性格养成的重中之重。

青春期的孩子往往更容易被“情绪”问题困扰，他们不知道怎样处理矛盾情绪，于是顶撞父母、师长，这一阶段是培养孩子情绪自控能力的最佳时期。

“我爸是李刚”“钱就是上帝”“道德值几毛钱”……如果你不想让自己的孩子变成这样的熊孩子，那就一定要重视其正确“三观”的培养。

谁的人生也不是一片坦途，既然遇到挫折在所难免，那么身为父母，我们能做的也只有告诉孩子如何面对那些困境、挫折以及不公平、不幸的事。

性格影响社交，社交也在潜移默化中影响着性格。孩子怕生，没礼貌，和异性说话脸红……其实，孩子的这些问题都有办法得到改善。

性格太活跃的人专注力差，性格安静的人专注力会好一些，尽管人们普遍这么认为，不过两者之间并没有直接的因果关系。值得注意的是，专注力并非一成不变，我们完全可以通过有针对性的训练强化孩子的注意力和专注力。

没人愿意和斤斤计较、爱记仇的人交朋友，如果你不想让自己的孩子成为光杆司令、孤家寡人，那么从现在开始，引导孩子懂得豁达、学会包容吧！

生活是一种能力，快乐是一种性格，千万不要只顾培养孩子的事业心，而忽视了其生活的能力和感知幸福的能力。

第一章 儿童性格测试：你真的了解孩子的性格吗

世界上没有两片完全相同的树叶，同样，世界上也没有两个性格完全相同的人，即便是双胞胎，其性格也会存在差异。身为父母，你真的确信自己对孩子的性格了如指掌吗？

性格对一个人的影响究竟有多大

“孩子天生性格内向，一到陌生场合或者遇到陌生人，就低着头不说话，畏畏缩缩的，现在这个社会，能说会道多么重要啊，真不知道这样下去该怎么办？”

“一点火就着，孩子性格实在太过火爆，一言不合就要性子、摆脸色、发脾气，以后走上社会了铁定要碰壁……”

“孩子性格倒是开朗活泼，可是大大咧咧的，丢三落四是常事，时不时还会做出点离经叛道的奇葩事，简直让人无计可施。”

……

世界上没有两片完全相同的树叶，也没有性格完全相同的两个人。每个孩子的性格都是独一无二的，同时每个孩子的性格也都有这样或者那样的“不足”。“性格决定命运”，对于这一说法，相信每个身为父母的人都不陌生，那么性格对孩子未来的影响究竟有多大呢？

美国华盛顿大学曾邀请世界巨富巴菲特和比尔·盖茨前来演讲，当被问及“如何变得这么富有”时，巴菲特回答道：“这个问题非常简单，原因不在智商。为什么聪明人会做一些阻碍自己发挥全部工效的事情呢？原因在于习惯、性格和脾气。”对此，比尔·盖茨表示相当认同。无独有偶，投资银行一代宗师J·P摩根在接受记者采访时，也被问过类似的问题，在他看来，“资本比资金重要，但最重要的还是性格”。

这些站在“金字塔”顶端的成功人士，无一例外地都把“性格”看作是成功的决定性因素，由此也不难看出，“性格”对一个人未来发展的影响。所以身为父母，我们一定不能忽视对孩子“性格”方面的培养。

一个人拥有什么样的性格，就会拥有什么样的命运。我们要想真正了解性格对孩子的影响，就一定要先弄明白：性格究竟是怎样来影响一个人的未来发展的呢？

性格是一种无形的力量，它在不知不觉中，影响着孩子在学业、社交、兴趣、生活、职业、恋爱、婚姻、创业等各方面的选择。举个简单的例子，同样面临风险和机遇，性格果断的孩子敢于立即作出决定，抓住机遇进而改变命运；而性格优柔寡断的孩子只会瞻前顾后、战战兢兢，迟迟没有行动，从而丧失最佳行动时机。

性格决定了孩子做出的选择，谦虚的孩子会选择谨慎的人生道路，冲动的孩子会选择感情化的道路；有自控力的孩子会选择长远发展的道路，而自制力薄弱的孩子则会被诱惑吸引选择眼前的道路；性格外向的孩子喜欢和人打交道，性格内向的孩子则更愿意和机械、工具等物品打交道……所以，性格决定选择，选择决定职业、未来与人生，性格决定命运，这并不是危言耸听，作为家长，我们一定要重视孩子性格的培养。

（1）客观看待孩子的性格。

现实生活中，绝大部分家长都是凭着“主观”感受和判断，来给孩子的性格“贴标签”。你认为孩子内向，但实际上孩子真的性格内向吗？很多时候，只是家长自以为孩子性格如何如何，孩子不和长辈说话，也可能是因为没话可说，对长辈们的说教有抵抗情绪故意不说话等。千万不要按照自己的“个人标准”给孩子性格定性，这不仅不利于孩子积极性格的养成，还会给孩子造成“性格暗示”影响，越说内向，结果孩子性格越朝着内向发展，这就得不偿失了。

（2）教育孩子要避免情绪化。

孩子性格有不足之处，身为父母，我们一定要给予其正确的引导，不过遗憾的是，几乎所有父母都是“训斥式”的批评，“情绪化”的发泄。当你气急败坏地责骂孩子性格如何不好的时候，孩子的内心是抵抗的，他们已经关闭了自己接受外界信息的通道，不管你怎样说，都不会有效果的，而且还很容易影响和谐的亲子关系。正确的做法就是，不管孩子做了多么令人气急败坏的事情，性格有多么令人不能忍受，请先不要对孩子发火，等冷静下来，恢复理智以后，再和孩子交谈。

请一定要坦然接纳你的孩子

不管孩子的实际性格是怎样的，有哪些比较严重的不足和缺陷，请一定要坦然接纳你的孩子。父母是孩子最亲近、最值得信任的人，同时也是最依赖的人，父母长期的“批评否定式”教育对孩子的影响是“毁灭”性的，会严重打击孩子的自信心，损伤他们的安全感，促使其性格朝着畏畏缩缩、胆小、自我否定、懦弱、缺乏独立性的方向发展，这绝对不是我们所愿意看到的结果。

让男孩子穿花衣服，留长发梳小辫子；让女儿穿男式服装，当“假小子”养；只要考试成绩差，就大发雷霆训斥；孩子性格跳脱，安静不下来，非要让孩子去学围棋、书法……这些现象在我们身边其实很常见，实际上，这样的教养方法并不适当，而且很真实地反映出：相当一部分父母不具备接纳孩子的能力。

所谓“接纳”，即不管孩子身上的优点还是缺点，尤其是缺点，都能坦然承认现实，接受现实，不因此而愤怒发火训斥孩子，也不怕丢面子一味地否认掩饰，而是能客观平静地看待孩子和自身的问题。“我希望我所爱的，能够按自我的意愿，依其自我的方式生长和发展，而不是服务于我的目的。”弗洛姆所倡导的这种接纳精神，正是如今我们很多父母身上所欠缺的部分。

小丁是一个九年级的初中学生，性格活泼好动，平时上课也爱调皮捣蛋，所以学习成绩一直不太好。

为了小丁的学习问题，小丁妈可谓操碎了心，监督写家庭作业，花大价钱请家教，隔三差五和老师们交流……总之办法想了一大堆，可没一个管用，这不眼看孩子就要考高中了，小丁妈急得不得了。

拿到儿子的期中考试成绩，一看竟然好几门科都没及格，小丁妈火从心中来，立马气势汹汹地拧着小丁耳朵训斥道："你是闭着眼睛考的吗？你看看，总共才几门科？竟然有这么多门科不及格……"

这种场景，相信我们并不陌生，也许我们自己的父母就是这样，也许我们正扮演着这样的父母角色，也许身边的同事、同学、邻居、亲戚就是这样教育孩子的。

其实，上述故事中的"小丁妈"就没有做到真正地接纳孩子。中国式家长最喜欢比孩子的成绩，很多时候考试分数的高低更多代表着大人的面子，很少有父母会去关心孩子自己的意愿和想法。

每个人都是一个单独的个体，尽管孩子还没有成年，但随着年龄的慢慢增长，他早已经有了自己的思想，连幼儿园几岁的孩子都会有"我喜欢穿这件衣服，不喜欢那件""我不喜欢吃胡萝卜"等独立想法，更何况大一些的孩子呢？

不要试图去控制孩子，不要试图让孩子按照你的想法和规划去成长。孩子不是我们实现未完成愿望的"工具"，如果爱孩子，请允许他们有自己的想法和主意，允许他们按照自己的意愿去成长。

金无足赤，人无完人。性格太过于活泼好动的孩子，注意力就很难在一件枯燥的事情上集中太久；性格太过于内向的孩子，就无法成为嘴甜的"社交"小能手。不管孩子高矮胖瘦、成绩好坏、性格外向还是内向，请坦然接受他们，不因考试成绩不好而过度责备，不因没有特长而讽刺挖苦，不因太胆小而大声训斥。只有我们接纳了孩子，能情绪平静地面对孩子的缺点时，我们才能走进他们的内心，听到他们真实的心声。

“天生我材必有用”，每个孩子都有天分，接纳孩子才能保护他们与生俱来的天分，接纳才能培养出一个自信的孩子。

值得注意的是，“接纳”并不是说孩子做了错事，也要坦然接纳不予纠正。接纳不仅意味着接受孩子的性格与个性，还意味着尊重和关注，如果孩子犯了错，请心平气和地蹲下来，拉着孩子的手，耐心地告诉孩子哪里做错了，为什么不能这样做，是不是会伤害到他人等。这样接纳与尊重的教育方式，远远要比劈头盖脸地训斥孩子要有效得多。

谁说内向的孩子不能成功

性格外向的人，开朗、活泼、聪明、乐观、善交际、勤奋、刻苦；性格内向的人，愚笨、冷漠、书呆子、独行侠、怪异、缺乏交际能力、不与他人沟通、不喜欢接近人。

外向型性格优于内向型性格，这是大多数人的共识，很难说清，为什么绝大多数人都会有这样的认知，而这种认知的缘由与依据又是什么。千万不要以为孩子性格内向是多么糟糕、可怕，必须要进行改变。事实上，内向型格并不比外向型性格差，它也有着巨大的优势，只是和外向型性格的优劣点不同，两者并没有优劣之分。

事实上，有非常多的杰出人物都是性格内向者，尤其在科学界、技术界、艺术界等比例会更高。这些工作需要长久的独处能力，对于性格外向的人来说，与待在实验室、伏案创作相比，显然走出去与更多人交流更具诱惑力，因此也就缺乏足够的独处耐力，这也正是内向性格者的优势所在。

心理学研究发现，内向型性格的人，在独处时能够焕发活力，充满动力、精力充沛、效率超群，而与他人在一起，哪怕不怎么说话，也会消耗大量能量，感到精疲力竭。外向者正好相反，像参加聚会这些社交活动他们感到轻松、愉快，而独处时却会觉得异常枯燥、难熬。

如果你认为孩子性格内向，以后无法从事与人沟通交流较多的工作的话，那就大错特错了。

事实上，许多艺人和传媒工作者也是内向者。如《阿甘正传》中饰演主角阿甘的汤姆·汉克斯，他参演过《拯救大兵瑞恩》《费城故事》《菲利普斯船长》等一系列有影响力的影视作品，是一位非常优秀的演员。芭芭拉·沃尔特斯是美国著名主持人，而且是一位采访高手，她访问过撒切尔夫人、戴安娜王妃、卡扎菲、普京、阿拉法特、基辛格、赫本、希拉里等众多世界级名人，在电视新闻界所取得的成绩有目共睹。他们都是内向型性格的人。

我们所熟知的新东方创始人俞敏洪，其实也是一个内向型性格的人，在大学期间他内心自卑，很少和同学们交流，以至于毕业后聚会时，几乎没人和他打招呼，但这并不影响他的成功，如今“新东方”的名字已经妇孺皆知。由此可见，性格内向的人也可以成功，也可以做出一番成绩来。

你还在因为孩子性格内向而苦恼吗？你还在因为孩子不爱说话而火冒三丈吗？你还在给孩子贴上“性格怪异”的标签吗？

心理学家卡梅隆·安德森和盖文·凯戴夫经过研究发现，言语表达出来更为自信的人并不一定有最好的主意，这完全是随机事件，与性格并没有过多的联系。性格内向、安静沉默的人当中同样也有天才，也有充满天赋的人。所以，作为父母，我们不仅不能训斥性格内向的孩子，还要学会与他们对话，了解他们的真实想法，从而鼓励他们去发展自己的天分。

（1）不给内向孩子贴标签。

性格内向还是外向，就像一个人的血型不同一样，并没有好坏之分，不要因为孩子内向就给其施加压力，认为他们读书读傻了，强迫他们必须走出去交际。作为家长，我们要接受孩子性格内向，用正常的眼光去对待他们，这样才有利于孩子的成长。

（2）发现孩子的天赋点。

日常生活中多观察孩子独处时都在做什么，是画漫画、看小说，还是打游戏，或者种花养宠物……从孩子独处时的行动中，我们可以发现他们内向性格中的闪光点，要对孩子的健康爱好予以肯定和努力。比如孩子喜欢画漫画，那不妨多和孩子探讨漫画技法，时下最流行的漫画，以及为什么流行等话题。另外，还可以适当地给孩子提供学习画漫画的条件和机会，鼓励孩子就自己的爱好再深入学习下去。

（3）鼓励孩子与外向者交友。

世界上有很多内向性格的人，同样也有很多外向性格的人，事实上内向和外向者是相互吸引的。有科学研究表明，最有效和快乐的小团队是内向与外向者组合起来的。我们可以多鼓励孩子与外向的同学交朋友，两种性格相互影响带动，能够形成非常好的性格互补，对孩子健康性格的发展也具有非常积极的影响力。

找到孩子的性格闪光点

“当我还是小孩子，就明白一件事。别人家的孩子还不识字，就比我更懂事，他不用睡，也不用吃，没日没夜做卷子。他从小就大红大紫，每个父母都认识，你看看，别人家孩子，那小脑瓜子装的全是知识。你呢？啊！就知道吃，吃了那么多还不长脑子。喂！我说老爸老妈，我不是个没志气的娃。别人家的孩子一枝花儿，自家孩子，唉，豆腐渣儿……”这首网络流行的歌曲《别人家的孩子》，唱出了太多孩子的真实心声。

现实生活中，绝大多数父母都爱找孩子的缺点，而且还特别喜欢拿自家孩子的短处和别人家孩子的长处比，别人家的孩子千好百好，自家孩子则“千疮百孔”，一无是处。你是一个爱“找茬”的父母吗？

世界上没有绝对完美的性格，性格活泼但思考会不够深入，性格胆小但恰好能躲避危险，性格乐观往往会忽视困难，性格内向正好可以更好地集中精力……老子说“福兮，祸之所伏，祸兮，福之所依”，孩子身上也没有绝对的优点和缺点，身为父母，我们需要做的是去发现并培育孩子的优点，而不是处处挑毛病。

美国成功教育学家拿破仑·希尔曾经说过：“每个孩子都有许多优点，而父母恰恰相反，他们总是盯着孩子的缺点，认为，管好孩子的缺点，才能让孩子更好地成长。其实，这样做就像蹩脚的工匠，是不可能造出完美瓷器的。”

大咚是个性格特别火爆的男孩，时常会和父母对着干，而且脾气倔强无比，谁劝都没用。星期六，大咚爸看儿子在看电视，于是就问作业写完没，大咚心不在焉地回答道，“今天刚周六，作业不多，我明天周日再写。”大咚爸听完顺嘴说了一句，“别人谁不是早早写完作业，就你干事拖拉。”

爸爸的话点着了大咚的火爆脾气，于是他脸色一摆大吼一声，“我今天就不写作业，怎么着吧？”大咚爸也生气了，于是开始指责大咚：“你不写作业还有理了？居然还对着父母大喊大叫，简直是欠揍……”

眼看战火就要升级，旁边的大咚妈赶紧规劝道，“大咚性格确实火爆了点，不过也有很多优点啊！对待朋友仗义，敢于承担责任，从不做逃兵，而且从不记仇，发完脾气该干啥干啥……”

大咚本来满脸不服气，而且准备和爸爸“抗争”到底，谁知道妈妈对自己一通夸奖，说得大咚自己都不好意思了，事后大咚还主动承认了自己的错误，并表示会学着控制自己的火爆脾气。

越是父母眼中的“坏孩子”，越是渴望得到父母的认可和赏识，千万不要揪着孩子的性格缺点不放，这只会让孩子越来越叛逆，离你的教育目标越来越远。孩子渴望父母的认可和赏识就像人需要水和空气一样强烈，善于发现孩子闪光点，才能让孩子在自信中成长，在关怀中形成健康的人格。

那么，具体来说，我们怎样才能看到孩子的“闪光点”呢?

（1）不以成绩定英雄。

中国父母都特别注重孩子的成绩，这本是一件好事，但如果总是拿“成绩”去衡量一个孩子的优缺点，那就有失偏颇了。孩子的发展是多方面的，文明礼貌、劳动情况、交际能力、兴趣爱好、卫生习惯……当我们用全面的眼光去看待孩子时，就会发现性格内向的孩子善于独立思考、研究，学习不好的孩子可能体育好、爱劳动。如此一来，我们自然就很容易发现孩子身上的闪光点了。

（2）杜绝“翻旧账”。

在教育孩子的过程中，千万不要总是拿孩子过去的“荒唐事”来充当批评孩子的道具，这会给孩子造成心理暗示：“以前做错了，已经无法更改，既然改正了也得不到原谅，那还不如破罐子破摔，一错到底。”所以，身为父母，我们要用发展的眼光看孩子，看孩子正在做什么，未来要怎么做，将孩子过往的一切错误和缺点“清零”。如此一来，我们就能够清楚地看到孩子所做出的努力和身上的优点了。

性格优化法：性格并无好坏之分

“性格本身没有好坏之分，乐观和悲观对这个世界都有贡献，前者发明了飞机，后者发明了降落伞。”虽然这个说法多少有些戏谑的成分，但确实道出了“性格”的真谛，不管你的孩子，性格是怎样的，请都不要用“好”“坏”去评价，身为父母，我们最应该做的就是用中立、客观、旁观者的角度，去看待孩子的性格，去引导孩子的人格发展方向。

性格与成才之间并没有必然性联系，我们不必强迫孩子去改变自己的性格，只要我们真正了解孩子的闪光点和真实性格，并在此基础上加以引导，因材施教，那么孩子自然能够得到自己真正想要的。

阿山和阿水是一对双胞胎，两个人在同一个家庭长大，从幼儿园到大学，就读的都是相同的学校，不过这对长相非常相似的姐妹，性格却是大相径庭。阿山能歌善舞，非常活泼好动，嘴巴甜，很小就特别招人喜欢；阿水则是个闷葫芦，不爱说话，也不太热衷于参加聚会等社交，小时候就喜欢闷在房间里临摹漫画。

阿水不爱说话，和长辈们说话也少，阿水性格活泼但有点冒冒失失的，时常闯点小祸，尽管两个孩子性格都有不足的地方，不过父母却从没有因为性格责备过任何一个孩子。

在教育方式上，父母采取因材施教的办法。阿山活泼，喜欢唱唱跳跳，于是父母给阿山报了才艺班，鼓励她去争取更多的公开演出机会；阿水比较闷，她不想出门去玩、串亲戚等，父母也从不强迫她，看到阿水爱漫画，父母专门给阿水买了不少漫画绘画技法等学习书籍，还专门带她去看偶像的画展。

转眼20年过去了，阿山凭借自己的才艺进入了一家不错的文艺团，时常全国各地演出，不爱说话的阿水则成了一个小有名气的漫画作者。

这对双胞胎的不同性格以及不同的发展方向十分耐人寻味。尤其是阿水，性格内向不爱说话，父母也并没有强迫性的让阿水改变安静内敛的性格，事实证明，这样的教育方法是非常正确的，阿水不仅没有因为内向变得自卑，反而在自己喜欢的领域，做出了非常不错的成绩。

性格没有好坏之分，重要的是，我们怎样去培育孩子的性格闪光点，怎样在孩子原本性格的基础上去强化他们的优势，这才是性格教育的精髓。

（1）正视孩子的性格。

不同性格的人，有不同的处世方法，有不同的适合从事的职业。所以，父母们不要把时间和精力都浪费在纠正孩子性格这件事上，这不仅是最没有效果的做法，还容易激起孩子的叛逆心理，反而会造成亲子关系越来越疏离。与其纠正孩子不完美的性格，不如想一想怎样优化孩子的性格，怎样培育孩子擅长方面的能力。

（2）让孩子学会反思。

世界上没有完美的性格，任何一种性格的人，都会遭遇性格短板所带来的“事故”。不要过多指责孩子性格中的不足，说教式的教育，孩子只会左耳朵听了右耳朵出，很难有效果。让孩子去经历，在经历中真实感受到性格短板，让孩子自己产生反思，只有这样切身的感受，才能真正让孩子更成熟地思考自己的性格，以及如何规避性格当中的短板部分。

（3）偶像激励法。

对于孩子们来说，没有什么比“偶像”更伟大了，“偶像”对于孩子的影响力是无比巨大的。父母可以通过帮助孩子树立具有某一性格特质的“偶像”来实现“润物细无声”的性格教育。比如孩子内向而忧郁，喜欢诗歌，那么我们就要帮助孩子树立“辛弃疾”这类豁达的诗人“偶像”，这样一来就会对孩子的忧郁性格形成一定的良性影响，优化孩子“悲观厌世”的部分。

如果反其道而行之，把“海子”等悲观性格的诗人当作偶像，那么很可能会增加孩子“忧郁”的个性，对形成健康性格反而不利。偶像激励法要视每个孩子的喜好而定，对一个喜欢体育的孩子，非要帮他树立手无缚鸡之力的人为偶像，自然不会有任何效果，父母要注意对症下药。

扬长避短，性格也需要锤炼

孩子性格的形成并不是一蹴而就的，从出生开始一直到青春期结束，才能形成一个比较稳定的性格。性格的形成过程是一个非常复杂的机制，个性的组成因素包含了认知、思想、情感、目的、行为、语言、形体、精神、信仰、追求、未来等多个基本层面，而随着时间、环境、情绪、年龄等变量的改变，孩子的性格也会呈现出不同的模样。

值得各位家长注意的是，孩子的性格并不是僵化的、固定的，纵观同一个人的不同时期，其性格也不尽相同，童年时异常调皮的开朗孩子，青春期时很可能变得忧郁、多思；凡事争第一追求完美的孩子，到了初中后很可能会变得平和；情窦初开的少女在特定的经历下也会变身为“爱情都是浮云”的“超脱帝”……

一个健康性格的形成，并不是仅靠父母的有意识培养就可以做到的，更需要孩子自身在实际学习和生活中的“锤炼”。

艾小小性格比较斤斤计较，尤其爱记仇，哪怕是丁点大的事情也能记很久，优点就是凡事仔细小心，很少出差错，小小妈也发现了这个问题，但几次和小小谈论这件事，小小根本不当回事，态度都很敷衍。

既然教育的办法行不通，小小妈就另辟蹊径，想结合小小的实际生活采取针对性点拨的办法，来帮助孩子在性格上扬长避短。

小小妈在最近一周接小小放学的时候发现，原来和小小关系很要好的同学A，两人每天都是一起走出校门，校门口分别的时候，还要专门打招呼，可是小小妈发现已经接连一周没看见两人一起出来了，要么一前一后，就算一起走出来，也彼此不说一句话，和陌生人一样。

于是回家路上，小小妈专门询问和同学A的关系究竟怎么了。小小气愤的说："哼，我好心把故事书借给她看，她居然把书弄脏了，我很生气，就质问她为什么把书弄脏，她说我小心眼，说我以前把她作业本弄坏，她都没计较，这次不过是不小心在书上划了一笔，我却不依不饶的。看我的书，还说我小心眼，我一生气就说了绝交……"

"和A闹的这么不愉快，你有没有后悔？"

"你想和A和好吗？"

"为什么A会说你小心眼呢？其他同学说过吗？"

"你觉得自己小心眼吗？"

"同学们喜欢和小心眼的人一起玩吗？"

……

小小妈通过上述一步一步的引导，让小小真正从内心认识到了自己性格中的不足，从而发生了良性转变。第二天，经过反复思考后，小小主动和同学A认了错，然后两个人又恢复了平日的友谊。自此以后，小小每次想生气的时候，都会特地想一想，这是一件大事还是小事，别人会不会觉得自己小题大做、小心眼？久而久之，小小性格上就变得大气起来了，不再因为小事斤斤计较，与同学产生摩擦和矛盾了。

尤其是在稳定性格形成以前，孩子的性格更需要在实际生活中锤炼，家长要做的就是像小小妈一样，加以引导，让孩子自己吸取教训，意识到性格中的长处和短处，从而有意识地扬长避短。

孩子的性格是不断发生变化的，影响其变化的因素又是多种多样的，价值观、经历、认知、年龄、环境、重大事件等都会让孩子的性格产生或多或少的变化。孩子性格的变化是非常微小的，它在循序渐进中发生改变，绝大多数父母对此都毫无察觉，要想养出好性格的孩子，就一定要时刻关注这种微小变化，并随时调整“点拨”式教育，只有这样才能做到“防微杜渐”，让孩子养成好性格。

家庭是孩子的第一所学校，家庭环境、父母性格秉性也会对孩子性格的形成起到非常关键的作用。温馨和谐的家庭，孩子大多性格开朗、乐观；争吵不断的家庭，孩子大多性格消极、悲观；父母太纵容溺爱孩子，孩子性格会依赖性强，没有独立思想和独立能力；父母对孩子太过严苛，孩子性格则容易自信心不足；父母经常夸奖孩子，孩子的性格则会更自信、更有优越感。

“种瓜得瓜，种豆得豆”，父母给予孩子怎样的家庭，怎样的教育，就会得到怎样性格的孩子。所以，要想让孩子形成一个好性格，我们首先要从自己做起，从营造温馨和谐的家庭氛围做起。

第二章
自我认知训练：引导孩子客观认识自己

自我认知是性格的重要组成部分，一旦孩子对自己的认知产生巨大偏差，那么其行为也会南辕北辙，谬以千里。所以，引导孩子客观准确地认识自己就显得非常重要了。

人有自知之明才能有正确判断

期末考试成绩下来了，和女孩T一直较劲的同学小W考了年级第一，还挑衅地冲T扬了扬成绩单，女孩T气呼呼地说道：“哼，不就是考了年级第一吗？有什么了不起，我下次也能考第一。”女孩T学习成绩一直平平，在下一次的考试中，自然没能考到第一名，为此又被W嘲笑了一番。

10岁的男孩小勇看到运动场上有人在举重，非常威风，自以为一定能举起来，不顾妈妈劝阻就冲了上去，该杠铃是成年人举重用的，小勇费劲力气才挪动一点，结果还不小心砸伤了脚。

……

孩子的自我认知能力不足，在成长的过程中，出现上述这种类似的“夸大自己能力”“自以为是”“不听劝告”“骄傲自大”“盲目乐观”的情况是在所难免的。尤其是在孩子年龄较小的时候，他们的认知能力还没有发育完全，对自我以及周围环境的判断常常会出现较大的“误差”，这就使得他们常常会做出一些“蚍蜉撼树”“螳臂当车”的明知不可为却偏要试试的事情。

对于这种现象，身为父母的我们一定要引起足够的重视，万不可因此而嘲笑、讽刺、挖苦孩子。对自我的认知能力是性格组成的重要部分，倘若处处“夜郎自大”，事事“以我为尊”，那么很显然孩子是难以形成一个好性格的。

那么，孩子究竟为什么会在自我认知能力上出现“偏差”呢？

（1）“儿童自我中心”的影响。

近代著名儿童心理学家皮亚杰曾提出了“儿童自我中心”这一概念，他认为儿童在2到7岁，只会从自己的立场与观点去认识事物，而不能从客观的、他人的立场和观点去认识事物。这是儿童认知能力尚未发育完全的表现，与“利己主义”无关。

处在这一阶段的儿童，认知事物的方式会非常有意思。当他自己水杯里的水是热的时候，也会认为别人的水都是热的；当他认为自己能完成某事时，也会自动认为别人也觉得他有完成某事的能力。这种认识是根深蒂固的，所以父母去劝说他放弃完成某事，他们自然很难听得进去。

所以，如果你的孩子正处在这个年龄段，请不要因为他没有“自知之明”而生气、训斥孩子，也不必太过紧张，怕影响孩子未来的性格形成。这是每个孩子成长过程中都必经的阶段，父母随时注意引导，用爱陪伴孩子顺利度过这一阶段即可。

（2）外在原因的影响。

如果孩子已经过了以自己为中心的阶段，仍然自我认知能力不足，那么身为父母的我们就要引起高度重视了。

缺乏自知之明，除了孩子自身不够成熟以外，还有其他的外在原因。家庭条件过于优越，父母过分溺爱，对孩子夸奖过多等，都容易让孩子养成“自视甚高”“我比别人强”“夸大自身能力”的思想，久而久之就会形成“骄傲自大”的性格。

一个有自知之明的人，才能审时度势，做出最正确的决定。所谓“知己知彼方能百战不殆”，如果孩子不能正确地认识自己，那么势必会影响其健康性格的形成，影响其以后面对重要选择时的判断和反应。所以，家长一定要重视孩子自我认知能力的培养。所以，我们应做好以下几点：

（1）客观评估孩子

不管是一味地批评式教育还是夸奖式教育，都是有弊端的，长期批评会让孩子自信心不足，大大低估了自己的能力，而夸奖式教育恰恰相反，容易让孩子骄傲自大。

要想培养出一个有自知之明的孩子，就一定要耐心引导孩子认识自己的优点和长处，同时也要帮助孩子认识到自己的缺点和不足。如此一来，孩子对自己的认知也会变得更客观更真实。

（2）不过分娇惯孩子

如今，每个家庭最多只有两个孩子，父母爷爷奶奶都把孩子当作手心里的宝贝，过分娇惯溺爱反而会害了孩子。

父母应营造一个民主、平等、彼此尊重的家庭环境，不要因为孩子年龄小就给予太多特殊待遇。如此一来，孩子自然会学会心平气和地与人交流，也能比较客观地听取他人的意见，接受不同的思想，从他人的眼中更全面地认识自己、了解自己。

收集评价法：孩子在别人眼里是怎样的

“当我成为一名公务员后，在爹妈眼中，我是家族出类拔萃的希望之星；在女友眼中，我是千军竞过独木桥的猛男；在路人甲眼里，我是衣冠楚楚、金碗光照的万能‘官人’；在同行看来，我的水平相当于初入衙门的雏儿；内心里，我自认为是个误入染缸喝茶读报混钟点的主儿；但实际上的我，是苦守在办公室跑腿打杂的文员。”

“当我成为一名动漫设计师后，在爹妈眼中，我是另类的问题少年；在女友眼中，我是粉刷墙壁的小工；在路人甲眼里，我是从事高端职业的‘潮人’；在同行看来，我的水平相当于幼儿园里涂鸦的小朋友；内心里，我自认为是《盗梦空间》里的造梦师一样天马行空的人；但实际上的我，是苦坐在电脑前挖空心思找灵感的打工男。”

……

2012 年 2 月，如上的“眼中体”突然在网上爆红，一时成为很多人吐槽自己在父母、朋友、恋人、同行、路人等各种角度“眼中”的形象。

一千个人眼中有一千个哈姆雷特，事实上，每个人都是多面化的，孩子也不例外。“不识庐山真面目，只缘身在此山中”，由于个人立场的关系，孩子能清醒地看到同学、好朋友的缺点和不足，但却无法客观地看到自己，这对于培养孩子的自我认知能力是一个非常大的阻碍。

既然孩子很难全面了解自己，那么我们父母不妨借助一些外在办法来帮助孩子改善自我认识狭隘的情况。

收集评价法是一种简便、易行且非常有效的办法。那么具体来说要如何操作呢?

孩子自测用表

自测项目	自测分数
专注度	
自信度	
社交度	
独立度	
宽容度	
情绪力	
抗挫力	

（备注：每项满分为10分，让孩子认真填写此表，并给自己打分。）

评价收集表

评价项目	父母评价分数	同学评价分数	老师评价分数	朋友评价分数
专注度				
自信度				
社交度				
独立度				
宽容度				
情绪力				
抗挫力				

（注：每项满分为10分，请孩子的同学、老师和朋友对孩子各项表现打分，父母也要打分后填在此表中。此表在使用时，为避免某一方的评价受到其他评价的影响，因此要单独进行信息收集，即在打分前，任何一方都无法看到其他人的打分情况，这一点对打分结果的客观性尤其重要，请一定要引起重视。）

孩子自测和他人的评价收集可以同时进行，但需要注意的是，在所有打分结果出来之前，彼此信息都要进行保密。父母在给孩子打分前，最好不要偷看孩子的自测打分，以免影响打分的客观公正性。

待所有打分全部完毕后，将孩子的自测情况和父母、同学、老师、朋友的评价一并汇集起来，汇集结果不要直接给孩子看，以免因评价主体某项分数过低，引起孩子的反抗情绪，甚至对评价人产生憎恨，影响其社交关系。

父母可以根据实际分数情况，将评价结果进行模糊化，0–3分为较差，3–6分为适中，6–9分优秀，10分非常优秀。然后，再与孩子一起来观看评价法的结果。

在评价结果中，可能同一项目不同人的评价截然不同，甚至反差非常大，比如有些孩子在自信度方面的打分偏低，而同学和老师则打分很高，其实这是很正常的现象，越是不自信的孩子越可能会极力去证明自己，如此一来，外在表现就会显得非常自信，甚至有些自负。遇到评价反差较大的情况，父母不要对结果进行擅自更改，而是应当如实给孩子看，并一起分析查找原因。

多样化的外在评价能够帮助孩子看到“不一样”的自己，正如在开篇时提到的“眼中体”，在父母眼里，孩子可能性格很乖巧听话，而在同学眼里，孩子可能是看似纯良的无敌淘气包，在老师眼里，孩子则可能是善于团结同学的好学生……你想知道孩子在别人眼中是什么样吗？你的孩子知道自己在他人眼中的形象吗？本测试可以全面帮助父母了解孩子，让孩子更加了解自己，对培养孩子的自我认知能力大有裨益。

让孩子接纳真实、不完美的自己

世界上没有绝对的完美，但却有追求完美的人。你的孩子是完美主义者吗？“要么不做，如果做就必须要做到最好。”这是完美主义者惯用的行事标准和口头禅。

“天啊，同学居然是这样看待我的？”“怎么老师对我的看法和我想象的一点都不一样？”“我是这样的吗？怎么可能？”收集评价法的结果往往会给孩子带来非常震惊的结果，有时候他们会觉得他人对自己的评价完全无法接受，简直是对自己的“人身攻击”。如果父母处理不当，那么很容易让孩子产生消极情绪。

任何一个人都不可能是十全十美的，性格、身高、体重、外貌、失败、污点、家庭、学习、工作、来自他人的诽谤、讽刺、挖苦……我们所遭遇的不完美的情况实在是多不胜数，而“追求完美型”性格的孩子，大多无法忍受这些不完美，面对不完美常常会变得情绪烦躁、易怒，甚至因害怕不完美而畏手畏脚，丧失执行力，造成“拖延”，最终严重影响学习效率。

陈森是就读于某重点中学的一名初中生，尽管他学习成绩名列前茅，表现堪称完美，但在同学们的眼中，他却并不是一个很好相处的人，而且大家也并不愿意和他一起玩，这究竟是为什么呢？

固执地坚持完美主义有时候往往会让我们彻底沦为“完美”的奴隶，因为无法做到让自己满意，结果越来越自卑，越来越不敢积极主动，到最后往往就会彻底丧失前进的动力。追求完美的人，非常容易滋生出“恐惧失败”“恐惧不完美”的消极心理，陈森就是“恐惧不完美”的真实受害者。

在学校里，他是公认的优秀学子，学业上认真上进，并凭借不断的进步和努力多次名列全校第一名。初三的一次期中考试，成绩公布后，陈森一看到自己竟然没能考到年级第一，而是下滑到年级第五名，顿时她的眼泪就下来了，周围同学一看，立马上前安慰，“你成绩比我们好多了，这次没考好，就下次努力嘛！你看 ×× 都倒数第几名了，不也没哭吗……”周围同学的好心安慰不仅没能起到正面效果，反倒让陈森突然爆发：“我怎么能考这么差呢？我应该考第一的？你们真是自甘堕落，考这么差，居然还有脸在这里嬉皮笑脸，怎么可能理解我……”说着一边哭一边回到自己的座位上趴着哭得更凶了。

同学们好心安慰她，结果对方不仅不领情还碰了一鼻子灰，“简直莫名其妙”，于是自然就没有几个人愿意和陈森一起玩了。

很多家长认为孩子追求完美，对自己高标准、严要求，这明明是一件好事，为什么非要转变孩子观念，让孩子接纳自己不完美的地方呢？追求完美性格的孩子，通常自制力很强，时间管理能力和学习效率都很高，非常勤劳，无法忍受懒惰和安于现状，表现看起来这似乎是一个非常好的趋向，但事实上，这种性格也存在着比较重大的缺陷。

就像案例中的陈森一样，他不仅对自己要求非常高，对别人也相当苛刻，当同学好心安慰他时，他甚至直接指责同学不思进取，这对于建立健康和谐的社交关系是非常不利的。这是一个讲究“合作”的社会，你希望自己的孩子成为孤家寡人吗？你愿意自己的孩子不受大家欢迎吗？

如果要想让孩子避免走上案例中陈森的道路，那么就一定要让孩子接纳真实、不完美的自我。金无足赤，人无完人，能接纳真实自我的人往往会活得更洒脱、更自由、更开心。此外，还要有意识地培养孩子“宽容”的品性。

据相关数据显示：超过63.8%的“拖延者”都有或多或少的“完美主义”性格倾向。接纳真实自我，有利于孩子克服对失败的恐惧，避免因为失败而怀疑自己的能力，从而帮助孩子远离“拖延”。

对自己要求高没关系，但一定要学会宽厚待人，千万不能用对待自己的标准去对待别人。只有孩子懂得宽容，才能在人际交往中赢得大家的认同感，赢得他人的友好相待，从而获得更好与他人合作的能力。

与自我沟通：帮孩子找到准确定位

希腊帕尔纳索斯山神庙，有这样一句箴言：“认识你自己。”最好的性格教育不是告诉孩子：你要做些什么，你应该怎样去做，你需要什么时候开始做，而是引导孩子认识自己，帮助孩子找到属于自己的人生定位。

在现实生活中，绝大多数父母都大大低估了孩子自身的主观能动性，总是认为孩子还小，什么都不知道，也没有什么自己的想法，实际上这种错误的认知正是家长们“大包大揽”“溺爱孩子”的罪魁祸首。心理学研究表明：儿童很早就会表现出要求独立的愿望，不管是自己能做的或者不能做的，他们都有强烈的行动渴望。

尤其是进入青春期后，孩子开始进入“第二分离期”，他们开始逐渐远离父母，并开始独自去探索社会和人生，如果不能在这个时期很好地完成与父母的分离，那么他们的独立人格就得不到更好的发展，即便年龄不断增加，也始终都是依赖性的“孩子状态”。如果你不希望孩子成为“奶嘴男女”，请不要随意拒绝孩子独自逛街、独自玩耍、独自与同学出游等要求。

青春期是人生观、价值观、世界观形成的关键时期，在这一时期，孩子会逐渐形成完整的自我认知，并探索自己的角色定位。身为父母，需要格外关注的是孩子的“定位”问题，并给予及时有效的指导。

就读于初三的阿蒙最近情绪十分烦躁，他十分清楚，自己必须要进入一所重点高中才会有光明前途，可好几门课都不及格的成绩根本无法实现这样的目标。

事实上，阿蒙并不是一个贪玩的孩子，为了提高自己的成绩，他学习起来也很刻苦，奈何一个个题目就好比天书一样，不管他如何努力都很难搞懂这些题目究竟是怎么一回事。学业上的屡次受挫让阿蒙备受打击：难道我天生智商低吗？我是不是原本就比别人差？就像同学××说的那样，我这辈子注定只能做个差生……

人最宝贵的就是“自知”，如果连自己都认定自己会一事无成，那么就真的无可救药了。幸运的是，阿蒙的父母看到了他的烦躁，一番深入交流后，他爸拍着他的肩膀很有智慧地说道，“天生我材必有用，成绩只是很小的一方面，不擅长考高分没什么大不了，这就和有些人不擅长玩游戏，不擅长体育一样，两者没什么差别。重要的是，你知道自己擅长什么吗？怎样才能发挥自己的特长呢？为了发扬自己的优势，你想去做点什么？”

爸爸的话，让阿蒙豁然开朗，他平常很喜欢各种机械类的东西，遥控车、自行车坏了自己就能捣鼓好，为此很多小伙伴们都非常佩服他，有什么机械类东西坏了，都会主动找阿蒙帮忙修理。既然自己这么擅长“机械”，而且也很喜欢与它们打交道，那么为什么不把它发展成未来的职业呢？

中考结束后，阿蒙主动找到父母，表明了不读高中读机械类中专的想法，而且他早早就挑好了学校，通情达理的阿蒙父母不仅没有训斥孩子没出息、成绩差，反而赞成他对自己的准确定位和想法。

8年后，早已经进入职场的阿蒙如鱼得水，且凭借自己对机械的喜爱和专长，在行业内崭露头角，被某集团聘请专门从事智能机械的研发工作，收入十分不菲。

人贵有自知之明，非让成绩不好的孩子考名校，就好比让一条鱼学会在陆地上生活一样不可靠，身为父母，我们不仅要了解自己的孩子，还要让孩子了解自己，知道自己的优势、劣势，客观认识自己的性格特征，只有这样才能让孩子对自己有一个准确的角色定位，这也正是培养孩子高情商的基础。

那么，具体来说，父母应该怎样做呢？

对孩子最好的教育，不是上哪个重点学校，拿多高的文凭，正如案例中阿蒙父母的做法，客观引导孩子认识自己才是最重要的。

一个没看到自己优势的孩子，很可能会因为成绩差而彻底否定自己，将自己定位为一个失败者，永远丧失进取心；一个没看到自己劣势的孩子，也很可能仅仅因为成绩好而盲目自大，将自己定位为一个无所不能的常胜将军，结果站得高、跌得惨。所以，请一定要客观引导你的孩子，教会他们与自己的内心对话、与自己的大脑沟通，从而更全面、准确地认识自己，最终找到一条适合自己的人生道路。

孩子过度膨胀，家长该怎么办

继“只批评不表扬”的传统教育方式之后，人们似乎在教育孩子的问题上走向了另一个极端，即“多赞扬少批评”。尤其是在西方“鼓励式”教育观念的影响下，如今表扬孩子似乎已经成为一种潮流，纵观市面上的教育书籍，似乎全都在说：大声赞扬孩子，怎样赞扬都不过分……可是，这样的做法真的是正确的吗？

长期的“批评式”教育传统，很容易让我们走上“矫枉过正”的极左道路，事实上，绝大多数家长们都没有意识到，过多的赞扬以及没有足够缘由的赞扬反而会对孩子造成一些性格上的不良影响，即很可能会让孩子变得自大、过度膨胀，甚至陷入“自负偏执”的另一个泥潭。

如果你总是在持续不断地向你的孩子灌输他有多棒、他有多好这样的想法，那么他很可能会对自己有过高的期望值，而这种期望值和他的能力是不相匹配的，这就是自大，而自大又会导致他对别人的感受不那么敏感和在乎。

改变孩子狂妄自大性格的一个好方法就是，教导他对别人的帮助心存感激，并且让他认识到自己也有能力不足的时候，谁都不需要时时刻刻保持完美。如果孩子有一颗谦和的心，就能更快地融入环境，交到朋友，并且感受到团队工作的意义。同时，那些能正确估计自己实际能力的孩子，在今后的学习和生活中能更好地面对挑战。

小艾是独生女，在家里是父母的掌上明珠，在学校里，成绩优秀能歌善舞的她也很受老师们的欢迎，是班级“骨干”的积极分子。不过她和同学们的关系却越来越糟糕，父母和老师长期的夸奖，让小艾越来越自命不凡，甚至有点狂妄。

同学 A 无意中说 ×× 很聪明，连数学附加题都能做得出，小艾就很不服气，专门在背后说 ×× 根本就不聪明的坏话。

同学 B 成绩一般，有一次课间，拿着习题专门来向小艾请教，小艾随口就说道，“你怎么这么笨啊，这么简单的题都不会。”为了显示自己的不凡，小艾时常借成绩好来蔑视、嘲笑同学。

同学 C 最后在班干部竞选中获胜，成为班长，落选的小艾回到家就大哭，一边哭一边理直气壮地发泄道：“除了我，谁也没能力当班长，凭什么都选 C 不选我？”

……

如此一来，同学们自然不喜欢骄傲得像个公主一样的小艾，如此骄傲的小艾怎能忍受别人的冷淡，因此时常与同学发生争吵、摩擦，而且丝毫没有认识到自己的不足。

孩子自大、过度膨胀时，会高估自己的能力，还会看不起别人，他们始终活在自己的世界里，与外界隔着一道“隐形”墙，这对于孩子的性格和未来发展是十分不利的。

那么，孩子过度膨胀、自大，身为父母，我们应该怎样去帮助孩子进行矫正呢？

（1）进行挫折教育。

过度膨胀、骄傲自满的孩子往往看不到自己的不足，也看不到别人的优点，总觉得自己比任何人都强，挫折教育能让孩子立竿见影地认识到自己的不足。如生活中遇到的挫折少，家长可人为设置挫折，并在此过程中引导孩子看到“天外有天，人外有人”，认识到自己的缺点和不足。

挫折教育在培养孩子抗挫能力的同时，还能扭转他们过度膨胀的性格发展趋势。

（2）给孩子提出更高的要求。

自我过度膨胀的孩子大多是同龄人中的佼佼者，他们能力比较强，各方面也比一般孩子优秀，这也正是他们骄傲自大情绪产生的重要因素。所以，我们不妨给这样的孩子提出一些更高的要求，增加任务难度，让他们感到自己能力的不足，需要寻求他人的指导和帮助，只有付出更多努力，集合多人力量才能获得成功。如此一来，孩子的自大、骄傲程度就会得到明显改善，同时团体合作意识也会得到十分有效的培养和训练。

孩子自我认可度低，家长该怎么办

自我认可度低非常不利于良好性格的形成，这种孩子大多内心自卑，遇事总是抬高别人，否定和贬低自己。由于不自信，他们对自己的能力常常持怀疑态度，办事总是思前想后，害怕被人讥笑、挖苦，做事缺乏毅力，遇到挫折会退缩不前，且往往转而责备自己。身为父母，我们一定要常常留意孩子的心理变化，避免孩子陷入自我认可程度低的情绪当中。

可是，我们该如何判断孩子的自我认可程度呢？自我认可程度低的孩子都有哪些外在表现呢？

通常来说，自我认可度低的孩子主要有以下三种表现：

一是内心敏感多疑。常伴有不安、焦虑、恐惧等不良情绪，对他人的评论十分敏感，难以接受他人的批评，呈现出一种病态的耿耿于怀的自我保护心理，甚至会无中生有，认为别人都不喜欢自己。

二是过分追求表扬。越是自我认可度低的孩子，越需要依靠来自外界的肯定来弥补自己的价值感，所以往往会比普通孩子更渴望获得他人的赞扬，甚至会为赢得赞扬而不择手段、不顾底线。

三是常常会产生消极的自我心理暗示。忽视客观因素，将所有失败都归因为自己的错，成功了也不认为是自己努力的结果，而是归因为虚无缥缈的运气，排斥鲜花掌声以及欢呼声，过于低调，因为他们害怕以后失败时会被嘲笑。

孩子自我认可程度低与先天因素关系不大，这主要是源于不良的成长环境。总的来说，这个问题的成因比较复杂，我们只对核心因素做简单介绍，以便给孩子的教育对策提供必要的参考。

首先，孩子不够自信，这与家长的教育和影响是分不开的。如果父母本身就是缺乏自信的人，遇事总是“我不行”的态度，那么孩子必然也会受到影响，“连父母都做不到，我肯定更不行了”，从而导致孩子对自我能力的怀疑和不确定，另外父母对孩子期望过高也会让孩子对自己产生质疑。

其次，不当的教育方式也是造成孩子缺乏自信的罪魁祸首。父母、教师长期训斥孩子，批评责备过多，而认可肯定赞扬较少，那么负面语言说多了，就会让孩子形成“我就是没用”的心理暗示，从而变得胆怯多疑、谨小慎微、自卑心重。此外，父母总是拿孩子与别人家孩子各种攀比，这也会对孩子性格造成不良影响。

最后，孩子生活在什么样的环境里就会养成什么样的性格。父母离异、父母去世、家庭暴力等破裂的家庭环境，会导致孩子得不到足够的爱，感受不到温暖，产生“我是多余的”等被遗弃感，因此自我认可程度低也就不足为奇了。

自我认可程度低的孩子，对自己的实际能力和品质评价偏低，如果被这种消极情绪笼罩，那么其身心发展和社交能力都会受到非常严重的约束和制约，其闪光点也得不到正常发挥，所以，家长们对此一定要引起重视。

那么,面对自我认可程度过低、不自信的孩子,我们究竟该怎么办呢?

（1）慎用批评，赏识有度。

经常被批评的孩子，很容易变得质疑自我。谁也不喜欢总是被父母数落、指责。孩子越表扬越上进，越批评越下滑，所以一定要慎用批评，多发现孩子的闪光点，少抓住无关大局的小缺点大做文章。当然表扬也要有度，以免孩子从这个极端走到盲目自大的另一个极端。

（2）给予锻炼，提升能力。

孩子自我认可度低，很大程度上是因为他们失败得多，成功得少，我们可以多给孩子一些锻炼的机会，不要嫌孩子手脚不灵活、动作慢，结果就大事小事各种包揽。让他们去独立完成自己力所能及的事情，在这个过程中，孩子会体验到“成功”的感觉，并体会到“成就感”所带来的精神激励。

实践出真知，反复多次的实践能更好地帮助孩子客观、全面地认识自己，提高做事情的能力，自我认知也会得到更完善的发展。如此一来，自我认可程度过低的状况就会逐渐得到改善。

让孩子拥有自我纠错的能力

“上学马上要迟到了，赶紧起床！”“这都凌晨了，你怎么还在打游戏？”“你这么做不对！”“早都告诉你不要这么干了。”现实生活中，绝大多数父母都在扮演着孩子的“纠错器”，我们告诉孩子这样做是错的，那样做是错的，可是这种教育办法管用吗？

事实上，父母眼中的“错”，在孩子看来并不是什么大不了的事，他们压根就不认为自己错了，因此常常会反抗父母的管教，或者表面上顺从行动上坚决不改。这也往往是令很多父母大动肝火的重要原因之一。

谁也不能陪伴孩子的一生，除了他们自己，所以最明智的教育不是处处挑孩子的错处，督促孩子改正，而是让孩子拥有自我纠错的能力。

小丫已经小学三年级了，可每天早晨起床都要“七叫八喊”，小丫妈为了让孩子上学不迟到，简直各种招数都用了，但效果并不显著。

早起一边做早饭、收拾孩子书包，一边叫小丫起床，然后给迷迷糊糊的小丫穿衣服、洗脸刷牙，一看时间，早饭根本来不及吃，只能匆匆忙忙带好早饭，赶紧送孩子去学校……小丫妈每天早晨都是这样“一地鸡毛”。

虽然针对小丫不起床的问题，小丫妈三令五申“迟到”的各种坏处，奈何小丫“死猪不怕开水烫”，不管家里人怎么说，一到早晨上学起床照样“赖床不误”，而且是越发变本加厉，常常对喊她起床的妈妈恶语相向：“你怎么这么烦啊！”“我就不起床，怎么着吧？”这让小丫妈十分受伤。

小丫妈深知这么下去可不行，听说同小区的男孩Y上学就从不赖床，于是小丫妈特地向Y妈请教“秘诀”。

“我哪有什么秘诀呀！上学本来就是孩子自己的事，他自己都不着急，我急有什么用。迟到几次，被老师批评了，自己就知道错了，所以自然而然就知道要按时起床，不迟到了……”Y妈回答道。

当天晚上，深受启发的小丫妈特地和小丫声明，明天绝对不会再喊她起床，让她自己定闹钟，迟到也是她自己的责任，被老师批评了不要回家哭鼻子。妈妈一反常态，居然不喊她起床了，小丫顿时十分高兴。第二天，小丫和往常一样睡到很晚，一睁眼看表居然都九点了，上学已经迟到了，期间妈妈居然真的没来叫她。

以前有妈妈各种催促、提醒，小丫虽然晚起但从没迟到过，这天，小丫第一次迟到了，教室里老师在讲课，学生们都安安静静地坐着，小丫站在门口，好不容易鼓起勇气喊“报告”，声音太小，老师根本就没听见……

因为这次迟到，小丫被老师批评了，而且进门的时候，全班所有人的眼睛都在看她，课下好几个同学都问：“小丫，你今天怎么迟到了？”红着脸的小丫哪里好意思说自己睡过头迟到呢，所以只好支吾着不说话。

自此以后，小丫深刻认识到了自己“赖床”的问题，所以开始有意识的改正，毕竟她可不想天天因为迟到被老师批评。

孩子晚上不早睡、早晨不早起、书包乱、课桌不整齐、书桌乱七八糟、不写作业、做事拖拉……很多家长都在为孩子这样或者那样的问题发愁，其实批评孩子，督促孩子改正并不是最有效的教育办法，让孩子认识到自己的错误和问题，拥有自我管理能力，这才能从根本上解决问题。

要想让孩子拥有良好的自我管理能力，首先，父母必须要转变教育观念。不管孩子写作业慢不慢，在收拾书包、整理书桌时是不是足够整齐，请不要着急，更不要直接批评孩子，批评指责会打击孩子的行动主动性和积极性，也不要代劳，代劳不是“心疼”孩子，而是“毁灭”，替孩子做得越多，孩子的自我管理能力就会越差。

其次，要想让孩子懂得自己纠正错误，就必须要允许孩子犯错，孩子犯错后不要急着为其善后，请给他们空间和时间，让孩子试着自己去处理，父母在一旁指导就行。

最后，孩子从出生起就是一个独立的个体，身为父母，我们千万不要以为给孩子提供生活、学习的必要条件，就有权利去“指挥”孩子。学会用平等的态度尊重孩子，理解他们的想法、做法，让他们在跌跌撞撞的实践中树立起自我管理的能力，这才是最高明、最直接、最有效的教育。

第三章
积极性格养成：卓越感是一切成功的“起点”

人人都希望自己的孩子性格积极向上，但事实上却并非如此。你想让自己的孩子成为一个自信开朗、追求卓越的人吗？首先，要从积极性格的养成说起。

优秀是一种习惯，如何培养是关键

人是顺着自己的习惯行动的，就像物体顺着自己的惯性运动一样。正如亚里斯多德所说，其实优秀也是一种习惯！孩子不思进取、得过且过，孩子从没想过要力争上游，孩子成绩差，破罐子破摔……这些现象都是因为孩子没能养成追求“卓越”的好习惯。那么，对于广大家长来说，怎样才能培养出孩子追求卓越的“优秀”习惯呢？

“每次写作业都要有人监督，不监督就不写。”

“经常接到老师投诉，说孩子上课不听讲，偷偷摸摸地看漫画书。”

“孩子明明很聪明，可不知道怎么回事，每次考试都是倒数。”

“特别排斥去学校，每次出门上学都要生拉硬拽，甚至为了不去学校故意装病逃学。”

……

面对孩子的诸多“毛病”，绝大多数家长都会忍不住大发雷霆、怒发冲冠、严厉批评，可事实上除了能发泄情绪让自己心里痛快外，“发火”“训斥”“责打”等教育方法不仅没有多少实际作用，还会激发孩子的反叛心理，破坏亲子之间的家庭温馨。

科学研究发现，除天生智力及身心疾病等因素外，孩子在学习中超过85%的“毛病”和“问题”都与不科学、不正确的学习习惯有关。所谓“学习习惯”，从心理学角度来讲，即个体在学习过程中，经过反复练习，不断地重复某一行为模式，从而逐渐形成并发展的自动化学习行为方式。换句话说，只要能养成良好的习惯，问题就解决了一多半。

习惯对于孩子的学习和生活有着非常重大的价值和意义。正如萨穆尔·斯迈尔所说：“播种习惯，收获性格；播种性格，收获命运。”一个良好的学习习惯不仅可以非常有效地提高学习效率，还能激发孩子的学习主动性和积极性，提高其自主学习力、创新力和创造力，形成不断追求“卓越”的自动行为模式，这将是父母送给孩子的最宝贵财富。

要想帮助孩子养成良好的习惯，首先就必须了解他们的心理活动机制。美国斯坦福大学的心理学家瓦特·米加尔曾专门做过一项实验，即心理学界鼎鼎有名的糖果实验。是选择立即吃掉糖果，还是忍耐着不受糖果诱惑，以便多获得一些奖励？其实，每个孩子在学习时，也都在经受着“糖果”的诱惑，而这些诱惑正是他们养成良好习惯的大敌。

现实生活中，孩子在决定“学习”还是“玩耍”时，心理活动的内容主要有两方面：一是可能获得的奖励，二是可能获得的惩罚。当他们被正面的“奖励”吸引，或惧怕负面的“惩罚”时，往往就会选择学习，反之则会选择玩耍。家长在运用“奖惩措施”引导孩子的选择行为时，一定要把握合适的尺度，切不可把“奖励”变成“收买”，也不宜把惩罚定得太过严厉、频繁，以免让孩子失去对“惩罚”的敬畏之心，反倒会越管越不服管。

正确的行为只要重复21天就会形成习惯，不过很多行为心理学家认为，21天所形成的良好习惯还不稳固，只有90天以上的重复才能形成稳定的习惯。不管是孩子“不写作业”“逃学”，还是“上课不认真听讲”，作为家长，我们都不必再大动肝火，不妨运用“奖惩”帮助孩子做出正确的行为选择，并连续坚持21天，再到90天。这时，你会惊喜地发现孩子的坏习惯得到了明显的矫正，好习惯也随之建立起来了。

自信，能让孩子取得意想不到的成果

永远不要指望一个不自信的孩子，可以做出实质性的成就，取得令人惊异的成果。“自信是成功的第一秘诀”，正如美国思想家、文学家爱默生所说，自信对于孩子的影响是非常深远的，它是打开孩子人生潜能的钥匙，是优良品格中的中流砥柱，是孩子能够获得成功的重要保证。

值得惊喜的是，如今已经有越来越多的父母开始意识到培养孩子“自信”的重要性，并开始有意识地培养孩子的自信心。

明丽从小到大都是学霸，北大毕业后，她进入世界著名学府普林斯顿大学深造，后在美国某知名制药公司工作。

每次公司开会都是明丽最郁闷的时候，会上，她的很多美国同事们都自信到爆表，开口就是“我创造性的解决了这个问题”“我对这个课题的把握是最精准的”……事实上，这些同事的专业技术能力远远比不上一直都是学霸的明丽，可是在会上，她无论如何也没有勇气直接说出，自己工作做得多么出色，尽管她比美国同事们的贡献都大。

事实上，就是因为“不够自信”，她在职场上失去了很多上升的好机会。

在明丽成为一名母亲后，她才深刻地认识到教育对于培养一个人的自信是多么重要。孩子班上有一个智商不足的孩子，即便10道题只有1道作对了，老师也会夸奖一番，还会专门在讲台上展示给大家看，让同学们一起为他的努力鼓掌。“在这种环境中长大的孩子，怎么可能不自信呢？”明丽不无感慨地说。

教育学家们普遍认为：在儿童成长的过程中，最重要的莫过于培养他们的自信心。事实上，很多家长也在采用这种美式的“鼓励”教育，不过可能并没有找到这种“自信”教育的精髓。

并不是单纯地夸奖孩子就会让孩子自信，自信是建立在自尊基础之上的，而自尊又来自于他人的尊重。要想让孩子积极自信，首先就必须要学会尊重孩子。不管你的孩子是健康还是疾病，漂亮还是丑陋，聪明还是蠢笨，学霸还是学渣，听话还是调皮，作为父母，都应给予孩子足够的爱，并养育到孩子成为一个独立自主的人。

不经过孩子允许就强硬地进入他们的房间；像侦探一样偷偷地翻看孩子的日记或者书信；强硬地干涉孩子的爱好以及正常社交；强迫孩子参加并不感兴趣的学习班；不与孩子商量就选好孩子即将就读的学校、专业……事实上，很多父母并没有做到尊重自己的孩子，他们爱孩子的附加条件太多，要学习好，要足够优秀，要听话，要懂礼貌……甚至有些家长会直接将此作为威胁，比如“你如果不听话，妈妈就不爱你了”“你不去补课，怎么对得起家里帮你找好学校花的钱”……

父母爱孩子，为什么不能仅仅是因为他们是自己的孩子呢？这种无条件的爱，才能让孩子得到足够的安全感，才能为自信性格的形成打下良好的心理基础。在现实生活中，这种“尊重”孩子的精神在我们的社会中是比较缺乏的。一个不被尊重的孩子，一个动不动被父母威胁不再爱自己的孩子，是不可能懂得尊重别人的，也不可能成为一个自信的人，他们只会对周围充满不信任感，在疲于应付中度日，而无力去争取更多。

虽然，你的孩子还没有成年，但请像尊重大人一样去尊重你的孩子，敲门得到允许后再进入孩子房间，不偷窥孩子的短信、聊天记录、日记等隐私，不经允许不处置孩子的个人物品。在涉及到孩子的事情上，尤其是择校、选专业等重大决策时，一定要让孩子参与其中，切不可独断专行，尊重是培养孩子自信的第一步。

哲人詹姆士曾经说过：“人类本质中最殷切的要求是：渴望被肯定。”

其实儿童更是如此，他们渴望获得肯定，尤其是父母、师长的肯定，当孩子的表现出色时，一定不要吝啬对孩子的赏识和赞扬。

此外，多给孩子积极的心理暗示也是培养自信的一个有效方法。当孩子遇事退缩、畏惧不前时，不妨告诉孩子“你能行”“今天不行，明天争取行”“能正视自己不行，也非常棒”……这些正面积极的暗示能够在潜移默化中为孩子的“自信”不断加持。

精神引导：成就感是最好的礼物

人的行为受心理动机支配，只有当孩子有“奋斗”“努力”的心理动机时，他们才会主动克服懒惰，不需父母督促就会甘心去做。最高明的教育，不是说服孩子要去做什么，应该怎么做，而是将“努力”“优秀”的心理动机植入孩子的内心，如此一来自然可以一劳永逸。

所谓“动机”，即促使人从事某种活动的念头，心理学将其视为行为的发端、方向、强度和持续性。动机是人行动的一种内在驱动力，那么如何才能让孩子产生足够的“追求卓越”的心理动机呢？

动机的产生需要外在的激发和鼓励，比如许诺孩子考到前十名就可以满足他想买遥控飞机的愿望，这就是外在的激发和鼓励，可以强化孩子“努力学习”“考到前十名”的心理动机。事实上，在现实生活中，不少父母运用这种“物质奖励法”都相当得心应手，不过过多的单纯的物质奖励并不是一个好办法。

物质奖励过于频繁，会在无形当中让孩子学会“讨价还价”和“勒索”，小山就是这样一个被“物质奖励”惯坏的孩子。

小山家庭经济条件富裕，不过为了避免孩子养成“骄奢淫逸”的坏习惯，家里在零花钱等方面管得比较紧，小山虽然吃穿住行都不错，但是兜里却没有多少零花钱。

随着小山慢慢长大，也开始有了自己的小心思，比如很喜欢看动漫杂志，但父母以“看动漫是不务正业”为由而拒绝购买，看小伙伴们都有零花钱可以自己支配，因此，小山就打起了“曲线救国”的主意，开始各种招数向父母要零花钱。

“零花钱可以呀，如果你这次能考入年级前50名，就可以得到500元奖励。”

“你不是想要更多零花钱吗，为了培养你的劳动意识和自我动手能力，从今天开始，参与家务劳动可以赚取零花钱哦，打扫××元一次，洗碗××元一次……”

……

在这种环境下，小山渐渐找到了“诀窍”。“同学VV考进前五十名，都有1000元的奖金，我怎么才500元，你们也太小气、太抠门了，奖金这么少，我怎么有动力去努力学习嘛！”“家政阿姨打扫卫生，半天都200块，今天我大扫除了一天，居然只有80块，报酬太少了，你们严重打击了我的劳动热情。”

面对越来越“刁钻”的小山，父母有苦难言，纵容、妥协越多，孩子就会发现这种方法管用，只会变得变本加厉，可严格制止的话，不仅没能起到正面鼓励孩子的作用，反倒会起负面作用，“不给钱就撂挑子”“给钱少也撂挑子”，为此，小山父母进退两难。

小山这种情况，在现代都市家庭中并不罕见，尤其是一些经济比较富裕的家庭，一旦父母在物质激励上没有把握住“度”，很可能就会陷入小山父母这种进退维谷的窘境。

激发孩子“追求卓越”的心理动机，千万不能过多频繁使用物质奖励，而是要用“精神引导法”，让孩子在不断做事的过程中，体会到“成就感”所带来的精神上的愉悦和感受，这才是送给孩子性格成长的最好礼物。

马斯洛需求理论认为，当人满足了基本需要之后，都会产生“自我实现的需要”，这是与生俱来的，是可以激励和指引个人行为的潜在力量。身为父母，我们要做的是满足孩子生理、安全、社交、尊重的需要，并有意识地引导孩子去探索自我价值的实现。只有成就感，才能为追求卓越的人生提供源源不断的内在驱动力。

心理学研究发现：人在激情的支配下更能调动身心的巨大潜力。所谓“激情”，即一种强烈的情感表现形式，往往出现在强烈刺激或突如其来的变化之后，具有迅猛、激烈、难以抑制的特点。

但是在实际生活中，孩子很难一直保持富有激情和创造力的状态，不断重复的学习，接连不断的挫折、沮丧，面对未来时的无措与迷茫都会让孩子进入“灰暗”世界。不管是物质还是激情，其激励作用都是短暂而不可持续的，如果你希望自己的孩子能够不断超越自己，能够始终充满“动力”的生活，能够一直有所追求，那么从现在起，请给你的孩子树立起“成就感”的大旗。

那么，具体来说，身为父母的我们究竟可以做些什么呢？首先，给孩子创造足够的空间去做自己的事情；其次，随时关注孩子的心理变化，和孩子探讨真实感受，遇到挫折时感觉怎样，当一切问题都完美解决掉时又是什么感受，颁奖时站在台上有没有被小伙伴们羡慕，听到欢呼和掌声时觉得如何……

总之，父母一定要注意加以引导，如此一来孩子自然能够注意到，做事——克服挫折——获得成功和掌声是一件多么美妙的事情，一旦体会到了“成就感”所带来的快乐，孩子自然而然就会去追求这种感受，从而成为一个积极向上、努力勤奋的人。

父母的进取心·才是孩子不断进步的动力

“龙生龙、凤生凤、老鼠的儿子会打洞”，父母对孩子潜移默化的影响是非常巨大的。除先天的基因遗传外，父母的言传身教对孩子的成长、价值观的形成等也具有非常重大的影响。身为父母，千万不要以为将孩子送进校园就万事大吉了，就可以把“教育”的责任甩给学校和老师了。不管是在孩子的哪一个成长阶段，家庭永远都是孩子人生的第一课堂，而父母也是孩子的最重要的老师。

一对凡事都拖拉、懒惰、不思进取的父母，是不可能养出一个具有进取心的孩子的。每个孩子来到这个世界上都是一张白纸，他们会长成什么样子，很大程度上取决于家庭环境、父母、学校等后天的栽培。

儿童是在不断的“模仿”中逐渐成长，并了解这个世界的，而他们模仿的第一对象往往是自己的父母，如果父母本身不规范自己的言行，那么很可能也会让孩子在“模仿”中沾染自己的坏习惯，从而积习难改。

如果你希望自己的孩子成为一个追求卓越的人，那么从今天起请做一个充满进取心的人。父母的进取心才是孩子不断进步的动力和榜样。

大晨妈为了儿子大晨的拖拉毛病不知道愁白了多少头发，每天晚上督促儿子写作业都是一项十分艰巨的任务。

“都快八点了，明天还要上学，大晨赶紧去写作业吧！”大晨妈一边看电视一边督促儿子去书房写作业，儿子虽然很不情愿，但还是磨磨蹭蹭去了书房，眨眼半个小时过去了，大晨妈去书房检查儿子的写作业进度，结果大晨一个字都没写……

嘴头督促不管用，于是大晨妈就改成了“监工式”，专门坐在儿子身边，盯着孩子写，常常是大晨妈一边刷着微博，一边气急败坏地批评道：“发什么呆啊，赶紧写，把笔拿起来……”

“监工式”的办法也不甚有效，而且孩子的写作业拖延症越发严重，常常磨蹭到晚上十二点了还没写完，于是大晨妈多方寻访，又找到了一个新办法。她和大晨约定1个小时内要写完作业，期间不会管他如何分配自己的时间。大晨同意了与妈妈的约定。

“马上就到1个时了，就差十分钟了，我去看看大晨怎么样了。”结果大晨妈发现儿子还是一个字都没写，虽然还没到约定的1小时，但怒火中烧的大晨妈早已经忍无可忍，狠狠训斥了大晨一顿。

最后，无计可施的大晨妈走进了心理咨询室，寻求专业心理咨询师的帮助。

咨询师：“孩子是只有写作业时拖拉、磨蹭，还是对所有事情都这样，他在做自己喜欢的事情时也这么拖拉、磨蹭吗？”

大晨妈：“他喜欢玩游戏，一说玩游戏，跑得比兔子还快。但是写作业、上学起床就相当拖拉、磨蹭，好像与学习有关的事情都比较拖拉。”

咨询师：“这样看来，孩子本身的注意力是没有什么问题的，写作业拖拉是因为他不喜欢学习，很抵触学习，所以才会用这种消极的方法来发泄自己的不满。我想问一下，孩子在写作业的时候，您和其他家人一般都在做什么呢？”

大晨妈：“不爱学习那可怎么办？他在书房写作业的时候，一般我和大晨爸在看电视或者玩手机，有时候也玩会儿单机小游戏什么的。”

咨询师：“父母都在休息娱乐，却要让我赶紧写作业，孩子内心肯定很不平衡，又怎么可能安心好好写作业呢？父母以身作则，孩子才会心甘情愿服从，所以当孩子写作业的时候，建议父母要陪在孩子身边做些正事，比如一边看工作书籍一边陪孩子写作业……”

在教育孩子的过程中，不少父母都是“双标”，周末了自己去看电影逛街玩耍，却要求孩子必须去上枯燥的学习班，晚上自己在看电视剧，却强迫孩子要一心一意写作业……如此言行不一致的教育，又怎么可能会产生好效果呢？

父母进取，孩子才能懂得“进取”，才会从父母身上学会克制欲望，学会自我管理，从而高效率地去完成自己的事情。

在训斥、指责孩子不上进、不努力之前，请先想一想自己，你是否已经做到了勤奋、上进呢？如果没有的话，你就没有训斥孩子的资格。自己能力不足，自我放弃了，然后就指望孩子来实现自己未能实现的宏愿，这是很多中国家长的思维方式。事实上，这是非常不讲道理的教育，自己都做不到的事情，你又凭什么去要求自己的孩子必须要做到呢？每个人都要为自己的人生负责，我们只能把自己打造成自己最希望的样子，而不能强行这么要求孩子。

强化效率观念：高效是卓越的保证

“我家孩子根本没有时间观念，八点上学，都要九点了还没出门，人家不仅不着急，而且还开开心心、蹦蹦跳跳地蹿来蹿去，真是又急又气、哭笑不得。”

“三心二意真是个糟糕的习惯，我家儿子一边吃饭一边玩，吃个饭都要至少 1 小时，洗澡也是这样，没有 1 小时根本结束不了，孩子干什么都超级没效率，一直这么下去，可怎么办呢？”

“我家薇薇简直是个话唠，吃饭时不停地讲话，写作业时也是安静不到 3 分钟就开始叽叽喳喳，明明 20 分钟就能写完的作业，她 40 分钟也不见得能写完，因为都在断断续续地说话。”

……

相信，家有学童的人对上述这些情形并不陌生。纵观那些古今中外的名人，近看孩子班里、学校里的学霸、佼佼者，哪一个不是做事超级有效率的人呢？只有进取心，没有做事效率，又怎么可能成为一个真正的“卓越者”呢？

儿童在三岁之前是没有完整的时间观念的，他们都是凭借自己的本能来安排自己的活动，饿了就吃，困了就睡，想玩就玩，不想玩就安静呆会。从进入幼儿园开始，小朋友们开始学习了解有关“时间”的知识，并逐渐建立起自己的时间观。而效率则是比“时间”更复杂一些的东西，只有当孩子的时间观念趋于成熟时，他们才能更好地理解效率。

不过凡事过犹不及，太强调“时间”和“效率”，而忽视儿童自身的发展规律也是不可取的。心理学研究发现，孩子年龄越小，其注意力集中的时间就越短，让一个十岁的儿童集中注意力学习 1 小时是非常不可取的，成年人注意力集中一次也只有 50 分钟左右，所以千万不要让孩子持续学习太久，否则时间越长，注意力就越下降，反而会造成学习效率低下，甚至让孩子产生厌学情绪。科学的办法应当是劳逸结合，学习一会儿后就要休息放松一会，具体时间安排，应当根据孩子年龄以及注意力情况来确定，不可搞一刀切。

虽然儿童在非常幼小的时候，没有清晰的“时间观念”和“效率观念”，但这并不影响我们培养和训练孩子的做事效率。科学研究发现，对孩子时间和效率观念的培养和训练越早越好，毕竟人的很多行为都是由习惯支配的，一旦我们在幼小的孩子心中树立起了“雷厉风行”的做事习惯，那么孩子自然会将这种行事作风延伸到后来的学校学习当中，乃至成年后的工作中。

那么，具体来说，身为父母，我们都可以为此做些什么呢？

（1）和孩子比速度。

这是一个非常好的办法，不仅能直接有效地提升孩子的做事效率和时间观念，还可以让亲子关系更加和谐、亲密，我们可以根据不同年龄的孩子确定不同的“比速度”项目，年龄幼小的孩子可以比赛搭积木，大一些的孩子可以比赛收拾书本，比读书速度，比跳绳、跑步速度等。

此外，还可以针对具体问题具体设计游戏项目。比如：如果孩子吃饭拖拉，总是一边吃饭一边做其他事情，那么就可以比“吃饭速度”。需要注意的是，吃饭过快不利于消化，家长要注意“度”的把控，可设定一个适宜的时间点来进行速度比拼。

（2）一次只做一件事。

专注是高效率的重要保障，要想让孩子利用好时间，就必须要杜绝三心二意，要养成一次只做一件事的专注习惯。我们可以通过生活中的锻炼来促使孩子养成一心一意的习惯，不管是穿衣、吃饭，还是游戏玩耍，都要引导孩子一件一件地做，吃饭的时候就不要玩，跑跳玩耍的时候就不能吃东西。久而久之，在父母的引导和潜移默化的影响下，孩子就能养成一次只做一件事的好习惯。

（3）统筹方法很重要。

统筹方法相对比较抽象，通俗地讲，即做事情的顺序将直接影响整体的效率和时间，我们只有把事情的先后顺序理清楚，才能找到最快速、最高效解决问题的办法，从而事半功倍。父母可以通过与孩子分工的方法来帮助他们建立“统筹感”，比如洗澡的时候，父母去放水、调水温，让孩子去拿自己的拖鞋、毛巾。

此外，不少生活上的事情都可以采取限时的办法，比如计时做家务、计时挑选超市商品等，由于时间比较紧迫，这会促使孩子去思考，怎样才能找到最省时的办法，再加上父母的引导，孩子就能够自己探索出比较科学合理的统筹方法了。

该做的事立刻去做，绝不拖延

懒惰是人性的组成部分，在潜意识深处，人都是好逸恶劳的，表现在现实生活中就成了各种各样的拖延症，未成年的孩子也不例外。从心理学角度来讲，拖延往往会让人为此背上沉重的心理负担：悔恨、愧疚、压力、烦躁、不安……这些消极情绪只会让孩子更没学习效率，要想让孩子远离这种糟糕状态，就必须帮助孩子战胜思维惰性，养成主动行动的好习惯。

如今，手机、平板电脑、游戏机等的广泛普及，使得孩子们“熬夜”“磨蹭”“拖延”的情况更加普遍严重。晚上写作业的时间，一会儿玩玩手机，一会看看动漫，都很晚了也不睡觉，躺到被窝里还要玩好一会手机；该吃饭了，坐在游戏机前，喊了一遍又一遍，嘴上说好，实际就是不动弹……

明明周末就应该写完的作业，结果拖着没写，周一早晨四五点钟起来狂补；早就喊着要出去玩，可一坐在游戏机前，就粘在了椅子上，拉都拉不起来……现在有很多孩子都有类似的拖延情况，其实，这是“思维惰性”在发挥作用。

“明日复明日，明日何其多，我生待明日，万事成蹉跎。”尤其是对于未成年的孩子来说，每一天都是非常宝贵的，一旦养成了拖延的坏习惯，只会越加变本加厉，从而陷入“四面楚歌”之中，整日饱受负罪感、悔恨、愧疚的内心折磨，这也不利于孩子的心理健康发展。

正如加利福尼亚大学伯克利分校参加拖延治疗的一位学生所说：“拖延就像蒲公英。你把它拔掉，以为它不会再长出来了，但实际上它的根埋藏得很深，很快又长出来了。”为什么“拖延”如此难以连根拔除呢？

一方面，逃避心理与行为拖延是一对双生花，当孩子面对难题、学习困难、挫折时，会产生逃避心理，这将促使孩子通过“拖延”得以获得一定的喘息，尽管事后要付出更大的代价，饱受负罪感、愧疚、悔恨、等内心的折磨。所以，父母要引导孩子学会面对事实和困难，鼓励孩子不要当逃兵。当孩子有勇气去面对一切未知和即将到来的困难时，因“逃避”而滋生的拖延就会失去成长的土壤。

另一方面，孩子始终都会受到外界的“诱惑”，比如好玩的游戏机、好吃的零食、有趣的玩具……并不是每一个孩子都具备超强的“抵制诱惑”的自控力，即便是自控力很强的孩子，在面对一个无比诱人的“条件”时，也很可能会动摇，从而为了“诱惑”而抛弃正事，造成“拖延”。比如受到“游戏”诱惑，专心致志地打游戏，而置老师布置的家庭作业于不顾。

总的来说，增强孩子的自控力是解决孩子做事拖延的重中之重，那么，身为父母，我们都能做些什么呢？

（1）强化“好奇心”。

“好奇心”是儿童行动的最原始驱动力，我们千万不要破坏孩子与生俱来的“好奇心”和“探索欲”，还要鼓励他们这么去做，并让他们保持对新鲜事物的“好奇”，有意识地培养其勇敢、无畏的探险意识。比如当孩子有什么突发奇想时，不要强硬扼杀，而应鼓励孩子去试一试，这有利于帮助孩子养成“迎难而上”的行动习惯，对克服思维惰性，跳出固化思维有很大帮助。

（2）强化“行动力”。

尤其是对于那些“想得多做得少”的孩子，强化“行动力”的办法非常有效。想得越多的孩子，拖延的情况往往就会越严重。如果人总是处于一种空想或思虑状态，那么自然就会变成“思想上的巨人，行动上的矮子”。在现实生活当中，空想与拖延往往是一对双生姐妹花，如果做事总是瞻前顾后，前怕虎后怕狼，那么行动自然难免拖拖拉拉。提高行动力是战胜思维惰性的一个有效办法，我们不妨有意识地去强化孩子的“行动”观念。“不去做怎么知道结果？”“想法超棒，应该赶紧行动起来，以免被别人抢先呀。”可以多用这类话语去鼓励、引导孩子。

（3）给孩子支配权。

有些父母给孩子安排的事情太满，写完作业要学英语，学完英语又要做奥数题……孩子效率越高，父母给压的担子越重，如此一来，不少孩子就学会了用“拖延战术”为自己减负。为了避免这种情况，同时提高孩子立即做事的积极性，要给孩子一定的自由支配时间。布置固定的任务，如果孩子能提早完成，则剩下的时间可以让孩子自己自由支配。如此一来，孩子们自然愿意有事赶紧做，做完好去快乐地玩耍。

以身作则：父母是最好的行为模范

“家庭教育对父母来说，首先是自我教育”，正如列宁夫人、著名教育家克鲁普斯卡娅所说，身教重于言传，要想让孩子成为一个乐观积极、勇敢上进、追求卓越的人，那么，首先父母要用这样的要求来规范自己，给孩子树立一个行为榜样。

众所周知，未成年儿童的行为、性格可塑性都很强，父母是怎样的，他们就会朝着哪个方向成长，父母如何引导教育，他们就会如何发展。毫不夸张地说，父母对孩子的影响是极其深远的，甚至贯穿孩子的整个人生。科学研究表明，父母的不良行为更容易让孩子学坏，这与孩子的本性关系不大，主要是因为父母耳濡目染、潜移默化的作用。

尤其是年龄较小的孩子，人生观、世界观、价值观还没有形成，因此对事物的判断缺乏分辨是非、好坏的能力，他们总是会无意识地去模仿自己的父母。也正是因为如此，所以人们常说“孩子是父母的一面镜子”，通过孩子身上的问题和毛病，每一个父母都可以更清晰地看到自己的不足，身为父母，不管是为了自己，还是为了以身作则给孩子树立一个好榜样，这都是一个契机，一个让我们重新认识自己、完善自己，更好地教育后代的契机。

电工老高很喜欢喝酒，尤其是晚上收工回家后，经常邀上几个哥们好友去喝酒，尽管妻子、父母都批评他，说总喝酒是个很糟糕的习惯，但他一直不以为然，觉得自己就这么点爱好，又不会妨碍其他人的正常生活，完全没有什么大不了。

冬天的一场大雪后，老高心血来潮，打电话约了两个好友就准备出门喝酒。走出了一段路后，才发现刚满五岁的儿子跟在自己身后。孩子看到爸爸回头发现自己了，随即指着雪地上的脚印，很兴奋地说道，“快看，你快看呀，爸爸，我每一步都踩在你的脚印上，鞋子上没沾到雪哦。”

儿子的话突然让老高触动了，是啊，孩子会一直踩着自己的脚印走，自己走偏了，孩子也会跟着走偏。儿子未来会不会也变成一个像自己这样的酒鬼？一想到这里，老高顿时觉得“喝酒”真不是一个好习惯，并下定决心远离“酗酒”，以便给孩子树立一个好榜样。

很多父母对孩子的教育都是嘴上说得多，实际做得少，缺乏“身教”的家庭教育是苍白无力、空洞无物的，对于年龄不大的孩子来说，父母讲的各种大道理很难走进他们的内心，使其产生触动，反而是父母的行为更令其印象深刻。

要想教育好孩子，就必须要做好自己。我们可以从以下几方面来规范自己平时的一言一行。

（1）独立、有担当。

父母要想让孩子克服依赖性，增强独立性，那自己就必须变得独立、有担当。尽管我们在孩子心目中都是很“高大”的人，但也要客观坦然的承认，自己在很多方面是不完美的，也有一定的毛病和问题。在日常生活中，为了给孩子树立一个好榜样，要自觉注意自己的一言一行，不断提高自己的道德修养，对自己存在的思想、习惯和行为方面的毛病要“补课”，实行“自我教育”，坚决改正。

（2）少说多做。

父母们说起自己的“教育”经验都是如数家珍，几天几夜都讲不完，但在实际生活中，太多父母“嘴上”教育多，而“以身作则”的时候少，这样的教育，其效果未免会大打折扣，“嘴上”的教育应该少一点，对孩子的“身教”则应该多一点，少说多做，用实际行动给孩子塑造最好的行动模范。严格要求自己，再去给孩子提要求，只有这样，才能在孩子心目中树立起父母的权威，“嘴上”的教育才能直达孩子的内心，产生作用。

当我们在撒谎时，孩子也学会了编织谎言；当我们宽厚待人时，孩子也学会了和善对待他人；当我们在占小便宜后沾沾自喜时，孩子也在思考怎样才能占到他人的小便宜……身体力行才是给孩子的最好教育。身为父母，一定要给孩子树立一个好榜样。

第四章
强化环境适应：培养孩子的秩序与纪律感

一个拥有积极性格的孩子，必然会拥有很强的环境适应能力。不过环境适应力可不是天生的，那么，究竟该如何培养呢？

安全感：探索外界的保险绳

“你怎么这么不听话，你再这么哭闹下去，爸爸妈妈不要你了。”

“天都黑了，要赶紧回家，明天再和小伙伴们玩，不然吃人的大灰狼会把你叼走。”

“你看 ×× 家的小朋友多懂事，你再这么赖皮，我们就要把你送给别人养了。”

……

你和孩子说过类似的话吗？当孩子哭闹不止时，当孩子玩疯了死活不回家时，当孩子撒泼耍赖不讲理时，很多父母都会用上述招数，而且立竿见影，效果非常显著，但很少有人意识到，这种很管用的“恐吓式”教育其实是以伤害孩子“安全感”为代价的。

从心理学角度来说，安全感对孩子未来发展的影响是十分巨大的，它是生命的底色，是探索外界的保险绳，是建立自我价值感、自信、自尊的重要心理基石。一个缺乏安全感的孩子对外界是缺乏信任的，他们不敢离开父母一步，会变得特别依赖父母，生活在恐惧中，为了对抗这种内心的恐惧，不得不花费更多的时间、精力和能量去寻求安全感，从而无力去探索世界、创造事业和享受生命。

“爸爸妈妈经常说不要我了，我好害怕，可是又不敢哭，也不知道怎么办，每次爸爸妈妈一不高兴，我就特别紧张、害怕，不知道自己做错了什么，他们会不会把我丢掉。”

“我爸爸总是莫名其妙地对我发脾气，现在还高高兴兴呢，突然就阴云密布，把我劈头盖脸训一顿，肯定是我惹他不高兴了，好想永远躲在爸爸看不到的地方啊，这样他就不会总对我发脾气了。”

……

在孩子不敢哭、不敢闹的背后，实际上是充满恐惧、不安、自责的内心，这才是孩子们最真实的心声。作为父母，我们千万不能为了让孩子“听话”，就肆意破坏他们的安全感，这会给孩子的心理健康和未来发展埋下非常严重的隐患。

小水最近上幼儿园了，一直负责接送她的妈妈可谓苦不堪言。由于初入园，孩子之前从没离开过家和父母，所以一直不太适应，每次都是死拽着妈妈不松手，不许妈妈走，妈妈一离开就立即大哭不止。

可是小水妈送完小水还要上班，每天早晨到幼儿园如何“脱身”成了一个大问题。作为新时代辣妈，小水妈在教育理念上很“先进”，为了更好地解决这个问题，她专门请教了 ×× 师范大学学前教育系的一位教授，对方给她支了一招。

即一定要给孩子设定界限，不可无底线地妥协退让。当孩子拉着妈妈不希望妈妈离开时，不要强硬地呵斥孩子，也不要采用欺骗的方式偷偷地离开，更不要用“你再哭，妈妈就不要你了”等话语作为威胁，否则会给孩子幼小的心灵造成看不见的创伤。可以温和地告诉孩子：“妈妈要去上班了，你是现在进入幼儿园，还是再玩五分钟？”如果孩子希望妈妈晚一些走，不要一味地妥协，而是要温柔地告诉孩子：“妈妈知道你不想走(共情)，但不行，我们必须要走(界限)，既然你不想让妈妈离开，那妈妈再陪你十分钟(尊重)。”

孩子能在妈妈给定的选项中做选择，这样心理上更容易接受妈妈要离开的事实。只要父母清晰地划定界限，温柔而又坚定地执行规则时，孩子就会知道必须这样做了，也就不会再纠缠。更重要的是，这种方式不会对孩子的安全感和自尊造成负面影响。

越是幼小的孩子，安全感越容易受到伤害，在孩子看来，父母对自己的态度可是关系生死存亡的大事，如果我们不想让孩子成为一个安全感缺失、遇事畏畏缩缩的人，那就一定要满足孩子的安全感，永远不要让孩子有被抛弃的感觉，永远不要用抛弃、送人、不理会来胁迫孩子。不论发生什么事情，哪怕是由于工作或其他原因必须离开，也要告诉孩子，父母永远爱他，永远站在他身后，愿意充当他背后坚实的后盾。

此外，父母还要注意控制自己的情绪，不要把工作或者生活上的消极情绪发泄到孩子身上，由于儿童的认知能力局限，他们的思维方式以自我为中心，一旦看到父母生气，就会认为是自己哪里不好，这也会影响孩子安全感的建立。所以，在孩子面前，请处理好自己的情绪，不要把孩子当出气筒，并努力营造夫妻和睦、快乐温馨的家庭氛围。

如何帮孩子建立足够的安全感

在生活中，我们常常会遇到这样一类性格的孩子：胆小，遇事退缩，敌视他人，消极悲观，神经太过紧张，敏感……很显然，这并不是一种积极健康的性格，潜意识中他们认为自己被抛弃、被拒绝，认为自己受到冷落和歧视，因此内心孤独而焦虑，这也正是他们消极性格形成的重要原因。

早在20世纪，著名心理学家马斯洛就提出了“需要层级理论”，即人的需要分别是：生理需要、安全需要、归属与爱的需要、尊重需要和自我实现需要。安全需要仅次于生理需要，排在第二位，由此也不难看出“安全感”对一个人的重要性。尤其是对于儿童来说，安全感直接影响着孩子性格的形成以及人生观、世界观的建立。

一个缺乏“安全感”的孩子，更容易罹患心理疾病，其性格也更容易变得消极、偏激。换句话说，“安全感”是健康性格和健康心理的重要保障和前提。那么，它究竟是如何形成的呢？

所谓“安全感”，即陷入恐惧和焦虑中，仍有脱离出来的信心、安全和自由。“安全感”并非与生俱来，它是在儿童的成长过程中逐渐形成的。孩子安全感的建立很大程度上与父母紧密相关，如果我们在孩子幼小的时候给他足够的、持久的、可靠的、稳定的“爱”，那么孩子就能形成对未来的确定感和可控制感，面对陌生人和陌生事物也就会表现得更自信，就会形成自信、勇敢、探索、冒险的积极性格。

可是，身为父母的我们，怎样才能知道自家孩子是不是缺乏“安全感”呢？一般来说，缺乏“安全感”的孩子会有一些外在表现：高频率、反反复复地问爸爸妈妈爱不爱自己；对洋娃娃、枕头、玩具等物品过度迷恋，一旦分开就会哭闹不止、无法入睡等；特别胆小，一出门就紧拉着爸爸妈妈不松手，不敢尝试，不敢参与竞争；不能接受与自己不同的意见，所有人的意见都必须和他保持一致……

除上述表现外，爱咬指甲也可能是因为“安全感”缺乏，不过一些微量元素缺乏也会导致“咬指甲”，家长还要仔细排除分辨。

青春期是一个人性格形成的最关键时期，在此之前，一定要帮助孩子建立起足够的“安全感”，只有这样，才能培养出自信、勇敢、探索、不怕失败和挫折的好性格孩子。那么，具体来说，父母们该如何做呢？怎样才能让孩子建立起充足的“安全感”呢？

（1）肢体接触法。

肢体接触能建立一种非常亲密的、可信任的关系。孩子比较幼小时，我们可以通过“举高”孩子，双腿带着孩子“荡秋千”等肢体小游戏来帮助孩子建立安全感；孩子上小学以后，我们则可以通过拍肩膀、拥抱等肢体动作告诉他们，父母永远都站在你身边。此外，一些亲子家庭活动也是建立安全感的良好契机，比如采摘活动、大扫除、外出购物、旅游探亲等，父母要抓住这些机会，给孩子更多的自主权和适当引导。

（2）放羊式养育。

每个孩子都是宝，很多父母面对自己的掌上明珠，含在嘴里都怕化了，其实这样的“精致鸟笼”式教育反倒不利于孩子好性格的养成。我们不能因为怕孩子受伤，就不许他动这个、碰那个，否则就只会养成畏畏缩缩的性格。

孩子都是天生的探险家，他们渴望了解周围的一切，作为家长，千万不要扼杀孩子的求知欲，而是要给孩子一个自由的环境，在圈定的“安全”范围内，允许并鼓励他们大胆去尝试，这种放羊式养育看似粗放，但更有利于孩子在探索的过程中对环境以及周围事物建立安全感。

（3）与人交往法。

第一次分床睡、第一次去幼儿园……诸如此类的分离焦虑一旦处理不好，那么好不容易建立起来的“安全感”就会付诸东流。孩子成长的过程就是一个与父母逐渐分离的过程，在这个过程中，孩子势必会产生惶恐不安、焦虑等情绪。鼓励孩子与人交往，建立自己的朋友圈，这对缓解各个阶段的“分离焦虑”都有非常好的效果。

让孩子邀请同学、好朋友来家里玩吧！多鼓励孩子参加学校、共青团等组织的郊游、夏令营、参观等集体活动。融入群体，不仅有助于孩子产生归属感、建立安全感，还能更快地度过“分离焦虑期”。

秩序感训练：潜移默化的引导法

所谓“秩序感”，即人通过观察周围环境来预测规律运动变化的能力。秩序感对孩子的健康成长是非常重要的：一个拥有良好秩序感的人说话、做事有章有法、有条有理，不管是个人装扮还是家庭起居、摆设等都整洁，人们也更乐意与其交往；而缺乏秩序感的人，个人打扮、生活环境、说话做事都是混乱不堪的，严重者会影响一个人的正常社交和事业发展。

秩序感并不是与生俱来的，婴儿刚刚出生后是完全“无序”的，他们没有吃喝拉撒的规律，也没有白天夜晚的概念，睡觉、吃奶、玩耍、排泄……这一切都是依照本能进行的。随着婴儿慢慢长大，与父母建立关系后开始认识和体验父母的有序生活，并慢慢建立起自己的秩序感。

有些父母可能过于心疼孩子，认为“秩序”会让孩子受苦，因此孩子小的时候不忍心去给他们树规矩、立榜样，觉得等孩子大一些了，自然而然会形成较好的“秩序感”。这种想法和认知是非常错误的。

首先，“秩序感”并不会让孩子感受到被管束的痛苦，对于孩子来说，秩序会带来一种自然的快乐，甚至会因为“秩序错乱”而不高兴、发脾气。比如2岁宝宝喵喵一看到妈妈把她小床上的毛毛熊拿走的时候，就会大哭不止，并提出自己的抗议，要求把毛毛熊放回原位。建立了一定秩序感的孩子，会自动自发地去维持这种秩序，比如坚持把自己的小碗和小勺子放在一起，香皂没有放在香皂盒里时会坚持让香皂回归原位。

其次，“秩序感”的建立是一个循序渐进的过程，而并非随着年龄增长就会自然形成。一些秩序感差的成人，尽管年龄早已经成熟了，但柜子、房间、办公桌乱七八糟的，这就是儿童时期没能形成良好“秩序感”的后遗症。如果你不想让自己的孩子成为一个生活乱糟糟的人，那就要从小开始培养他们的“秩序感”。

（1）为孩子提供一个井然有序的环境。

一个一直生活在干净、整齐、有秩序环境中的孩子，会自然而然地受环境的影响，从而形成较好的秩序感，养成什么东西放在什么地方的好习惯。反之，则会缺乏秩序感。千万不要以为孩子还小，能知道什么，孩子的玩具那么多，又爱乱丢乱放，怎么可能会天天有秩序呢？再说，收拾好了又立马乱了，收拾不收拾好像没多大差别。

秩序感的形成是潜移默化的，所以最好不要偷懒，父母固定时间起床、睡觉、洗漱，干净整洁的家庭环境，这都有利于孩子形成良好的秩序感，父母们一定要持之以恒，坚持就是胜利，三天打鱼两天晒网是难以达到好的教育效果的。

（2）破坏孩子秩序感的“禁忌”。

0–3 岁是儿童的“秩序感”敏感期，在这一时期，孩子对于秩序会非常敏感，因此不要过于频繁地更换生活环境以及照看人，否则孩子刚适应了这样一种秩序，结果换一个环境或者照看人后，已建立起来的“秩序感”又会被打乱，需要建立起新的“秩序感”，过于频繁的“变动”会让孩子的秩序感变得混乱不堪，也会影响其安全感的建立。

另外，一些生活上的小细节也会导致“秩序感”的破坏，如对一些物品有特定的摆放要求，不许改变，在做某件事情时有一定的程序，拒绝次序上的任何变化，对于这些现象，父母一定要给予满足，保护孩子的“秩序感”。

（3）“秩序感”的日常训练。

著名教育专家蒙台梭利认为：如果父母没给孩子提供一个有序的环境，孩子就会缺乏建立起各种关系的直觉，孩子的智能也就无从建构。实际上，孩子“秩序感”的建立并不复杂，父母坚持有序的摆放家庭中的日常用品，每次使用后都及时归位，尤其是孩子的用品，另外可以通过让孩子自己收拾玩具、个人用品，公共场合引导孩子做事要排队，遵守公共规则等来提升“秩序感”。

强化纪律感：你的孩子愿意服从吗

孩子纪律感的情况与父母的教育是分不开的。现实生活中，很多父母都给孩子提出了要遵守纪律的要求，但是却没有明确：哪些事是可以做的，哪些行为是被禁止的，哪些活动是受到限制的，都受到哪些限制。这就给孩子“纪律感”的形成人为制造了困难，毕竟孩子自身认知能力有限，无法独自准确判断父母所要求的“纪律”都包括哪些，都有哪些细节。

对于年龄比较小的孩子，父母在教育过程中，不要总是“遵守纪律”这样的泛化教育，因为孩子们实际上很难理解，也很难懂得自己需要怎么做，在制订规则时一定要细节而具体，比如课堂上有问题时，要先举手，然后再发言，睡觉前要洗脚等，只有父母明确了这些具体的要求，孩子才能知道怎么做。

尽管不少家长十分重视“纪律感”的培养，但却常常一叶障目，选择了错误的方向。培养孩子的纪律感，并不是一味地让孩子听话，可是有些父母却将两者等同起来，认为孩子听话才是好孩子，不听话就是淘气包。为了让孩子变得听话，在培养“纪律”时往往采取威胁的办法，“在幼儿园不听老师话，会被老师惩罚”“超市结账时插队，要被抓进警察局关起来”……不恰当的方法是无法让孩子建立起“纪律感”的，一旦孩子知道了违背纪律的真实结果并没那么吓人，就很可能会丧失对“纪律”的敬畏，甚至以破坏纪律为乐，嘲笑那些循规蹈矩的人。

这天，豆豆妈带着12岁的儿子豆豆，去好朋友C家做客，豆豆妈和C年龄相仿，C家儿子年龄比豆豆大两岁，豆豆妈想正好两个孩子可以一起玩。

一进门，C非常热情地招待豆豆妈和豆豆，这时豆豆妈发现儿子居然对长辈的招待无动于衷，不打招呼而且什么都没说，顿时觉得有几分尴尬，于是赶紧提醒儿子："豆豆，这是你C阿姨，你之前见过的，和阿姨问好呀！"在妈妈目光的注视下，豆豆一脸不情愿地低声说了句："阿姨好。"声音小到根本听不清说了什么，豆妈的火气一下就上来了，但奈何场合不适合发火。C圆场说道："豆豆第一次来阿姨家是不是有些害羞啊，孩子小难免会这样啊，赶紧进来，可以和我家儿子 ×× 去玩，你们年龄差不多，肯定能玩到一起。"

……

从好朋友C家告别后，豆豆妈一路上都在训斥豆豆："你说说，你都12岁了，多大人了，一点礼貌都没有，见人都不知道主动打招呼……"

豆豆什么话都没说，就低着头沉默了一路。

豆豆究竟为什么会这样呢？其实和豆豆的"纪律感"有很大关系。通常来说，父母都会将"见长辈要打招呼"作为必备的"教育课程"，不过豆豆妈在"打招呼"这件事的"规则"上并不明确，小时候豆豆第一次见陌生长辈，也不打招呼，豆豆妈觉得是孩子认生、害羞，不打招呼是可以被允许的，第二次再见就好了，结果第二次、第三次孩子还是不打招呼。这时，家长才发现自己之前定的规矩，孩子根本就没遵守，免不了因此生气，实际上孩子会觉得有些莫名其妙。

"纪律"之所以是纪律，最重要的就在于它"必须被遵守"，孩子即便有不悦、反抗情绪也"必须服从"，孩子"纪律感"差，不遵守规则，实际上很大一部分原因在于父母一开始就没有坚持"纪律"必须遵守的原则。

要想培养并强化孩子的"纪律感"，父母就一定要懂得提出"限制"和"要求"，比如每天晚上只能看1小时电视，见到陌生长辈必须要打招呼，生日时只能挑选一个喜欢的玩具……当我们提出的“限制”足够明确，并严格执行的时候，孩子就会对“纪律”形成一种敬畏感，从而在父母的引导和规范中学会遵守。

不过，在给孩子提出限制时，要注意两个问题：一是要允许孩子发泄自己的情绪，在最初遵守纪律和规则时，孩子往往会比较有抵触情绪，明明喜欢两个玩具，可是只能买一个，所以孩子会哭闹、发脾气等，要允许孩子通过这样的方式发泄，重要的是他是否遵守约定；二是在给孩子强调“纪律”的时候，语言要客观、简洁，不要带有强制性意味，比如，告诉孩子“今天游戏就玩到这”比“你已经玩了好半天游戏了，不能再玩了”更容易令孩子接受。

带孩子走出去，塑造冒险精神

21 世纪是一个充满竞争与挑战的时代，瞬息万变的社会总是会涌现很多新事物和新机遇，因此对“人”的综合素质要求也越来越高。有些父母觉得，孩子成绩好能考上好学校，自然就能获得一份好工作，未来生活也能顺风顺水，孩子是不是有冒险精神，是不是足够勇敢似乎没什么紧要。如果抱着这样的想法教育孩子，忽视了孩子“勇敢冒险”精神的培养，那么很可能会影响孩子的未来。

与 20 世纪不同，如今的职场每个人都要不断地解决扑面而来的各种新问题，探索新事物，这就需要非常强大的“心理素质”。一个性格懦弱、胆小、保守的人，是没办法胜任富有开拓性的工作的，甚至连“自主性”稍高的普通职员位置也不能胜任，因为他们害怕承担责任，无力面对风险和未知，于是只能做最简单的重复性工作。可是随着人工智能的不断发展，简单重复性的工作正在被机械取代，一个没有胆量，缺乏勇敢和冒险精神的孩子，是没有未来的。

在很多妈妈眼里，阿花妈是一个“心大”的有点不够尽责的妈妈。小孩子在刚学会走路后，都喜欢在家里四处走，而且尤其想往高的地方爬，窗台、柜子等，一般父母都特别紧张孩子会摔到、碰到，所以往往禁止孩子这么做，阿花妈却恰恰相反，当女儿花花费尽力气想爬上窗台的时候，阿花妈不仅没有制止，还鼓励孩子自己搬凳子或者想其他办法爬上去。

阿花妈从女儿三岁开始，就让孩子独自一人睡一个房间，为此孩子的爷爷奶奶、姥姥姥爷都觉得阿花妈太狠心，坚决反对这么做，不过阿花妈还是顶住压力坚持了下来。也有其他宝妈问：“孩子这么小，你不担心她自己睡会从床上滚下来，晚上踢被子会感冒吗？”阿花妈直言：“我早都告诉花花了，转身的时候摸一下床沿，到床边了就滚回去。至于感冒，谁说和大人睡就不会感冒呀？”

女儿大些之后，阿花妈常让孩子一个人在小区骑车或者玩滑板车，让孩子独自穿过马路回家，加班的时候也会留孩子一个人在家。

“生活中有很多机会，我都尽量抓住一点一滴地去培养孩子胆大、心细、冒险、敢做、果敢的品质。性格决定命运，作为一个妈妈，我希望自己的女儿以后能勇敢地抓住她自己想要的东西，而不是因为胆怯、保守丧失机会，并在遗憾中度过一生。”阿花妈在回答其他父母的疑问时这样说道。

“别走那么快，别摔倒了。”“别爬那么高，别掉下来了。”“扶着栏杆，别摔倒了。”有时候当你把孩子划定在一个“很安全”的圈子里时，孩子也就失去了冒险和勇敢探索的精神。故事中阿花妈的教育初衷令人十分感触，有多少人，喜欢一个人不敢表白，最后只能看喜欢的人成为别人的伴侣；有多少人，想去创业却不敢行动，结果只能看着旁人一步步地功成名就，这时候再后悔实在太过苍白。惟有教会孩子勇敢、冒险，他们才能在未来的人生中多一些掌控力，少一些遗憾，才能紧紧地抓住自己想要的东西。那么，如何培养孩子的冒险精神呢？

（1）带孩子走出去。

整天闷在家里是养不出一个敢于冒险的孩子的，要带着孩子走出门去，去旅游、去亲近自然、去接触新事物和陌生人。可以带孩子去游泳、滑雪、爬山、钻洞、攀岩，也可以带孩子到野生动物园看狼、虎、狮子等凶猛的动物，或者带孩子去外地陌生的地方游玩。在游玩的过程中，要有意识地多让孩子打头阵，这有助于孩子克服对陌生地方和陌生人的恐惧，从而能坦然面对更多的未知。

（2）循序渐进引导。

对于一些胆小的孩子，一下子让他们参与到富有冒险精神的活动中，他们往往会产生巨大的排斥感，甚至变得更加“退缩”“胆小”，所以父母在培养孩子冒险精神的过程中，要注意循序渐进，可以先从生活中的小事开始，然后再走出家门。可以先给孩子讲一些英雄的故事，给孩子树立“冒险者”很高大的形象，然后再逐渐鼓励他们去做一些体现自己胆量的事情。循序渐进的引导可以最大限度地降低孩子的阻抗，父母们在此过程中一定要有耐心和长期教育规划以及目标，以免半途而废。

警觉心：孩子安全意识的培养很重要

随着孩子慢慢长大，父母也不再24小时陪护，但孩子们所面临的“挑战”却越来越多：要去学校读书，假期会和小伙伴们玩耍，要独自过马路，独自去商店买东西，独自回家……可供孩子活动的场景越来越多，这也意味着他们身边的不安全因素随之增多。

川流不息的车辆、高压电线、雷电、火灾、人贩子……如今社会，每个孩子都是家里的宝，含在嘴里怕化了，捧在手心里怕摔了，不少父母为了尽可能地保证孩子的安全，都采取了非常“完备”的保护措施，上学放学接送，给孩子配备通话手表等通话设备以便及时呼救，还有些父母甚至给孩子配备了警报器等，生怕孩子有什么不安全的隐患。

即便我们保护得再严密，孩子也始终要长大，也要独自去面对社会上各种各样的不安全因素，所以一味过度的保护反而是一种伤害，培养孩子警觉心，给孩子传授尽可能多的安全知识，让他们学会保护自己，这才是给孩子最好的安全教育。

如今，为了保证孩子的出行安全，不少有孩子的私家车家庭大都配置了儿童安全座椅，不过一些年龄偏小的孩子没几个喜欢长时间地被固定在座位上，不能动来动去对于“只有睡着才会老实”的孩子来说实在是个挑战。

对此，丁丁妈很有办法，丁丁妈的高明之处就在于将“安全教育”润物细无声地传递给了孩子。丁丁喜欢看广告，有一次看到一则动画版的交通公益广告，1 岁多的丁丁问妈妈：“为什么车坏掉了？”丁丁妈回答道：“出车祸了，两辆车碰到一起就会引发车祸，然后坐在车里的人就会有生命危险，如果爸爸妈妈出车祸，丁丁就再也见不到爸爸妈妈了……”

借着这个机会，丁丁妈和孩子科普了交通安全、交通规则等，告诉孩子开车要系安全带，坐车也要系安全带，小朋友还要坐儿童安全座椅。自此以后，丁丁就对交通安全有了很深的认识，每次一家人开车出行时，丁丁都会主动坐到儿童座椅上，还会专门提醒爸爸妈妈一定要系安全带。

对孩子的安全教育不要太过正式，要尽可能生动、有趣、贴近生活，能让孩子产生切身感受，如此一来，孩子往往更容易理解和接受。此外，

“安全教育”是一个大课题，其中包含了方方面面，父母在培养孩子警觉性和安全意识方面，要尽可能全面，毕竟安全无小事，处处防范才是上上之选。

（1）科普安全常识。

水、电、煤气、交通、雷电、下水管道等是孩子们日常生活中比较常遇到的“安全隐患”，一定要从小给孩子传授必要的“安全常识”，如雷雨天不能在树下避雨，穿过马路时要走人行横道，使用电器的注意事项，怎样避免触电等。市面上有专门用于儿童阅读的安全类书籍，父母可以结合书籍以及现实生活中的问题，对孩子进行安全常识教育。

（2）教会逃生技巧。

在面对突如其来的“安全事故”时，孩子年龄小、经验少、阅历不足，往往会不知所措，甚至急中忙乱反倒令事态更严重，比如遇到火灾时，根本没考虑所住楼层高矮就盲目从窗口逃生，结果造成坠亡，正确的逃生技巧能最大化地保全孩子的安全。所以身为家长，一定不要忽略，必要时可现场演练，以确保孩子掌握突发事故的逃生技巧。

（3）游戏式检验成果。

在做好前面两项工作之后，我们就可以看看孩子到底理解、掌握了多少，可以采用游戏式的方式来检验孩子的安全知识掌握情况。比如人为地创设一些问题场景：“突然发生地震了，要怎么办？”“台风来了，狂风直接卷走了窗户，外边风雨交加，时不时有树枝、玻璃碎片等被风带进房间里来，屋内一片狼藉，这时候应该怎样保护自己？”“周一的早晨，你被反锁在家里，眼看上学就要迟到了，你该怎么办呢？”可以通过设置这类场景，来检验孩子的安全意识和自救技巧，家长可从旁引导，这种方法可以很好地提高孩子的危机处理能力。

第五章
锻造独立能力：让孩子成为一个有主见的人

有这样一类性格的人：他们依赖别人，没有独立思想、不能独立生活、遇事难以抉择……其实这都是因为缺乏“独立”，锻造独立能力是性格养成的重中之重。

孩子的事情，让孩子自己干

著名教育家陶行知有这样一句名言：“吃自己的饭，流自己的汗，自己的事情自己干。”儿童只有亲自动手，在实践中不断学习，才能成长为一个独立、自主、成熟的人。不过，在现实生活中，有太多的“全能家长”，他们就是孩子 24 小时的“服务员”，随叫随到，孩子只要张张嘴、提提要求，什么都不用做，父母就给做好，这种“溺爱式”的教育方式养出了不少不知感恩、只知索取的“小皇帝”“小公主”。越来越多的家长认识到，替孩子做太多事并不是爱孩子，而是在害孩子。

从呱呱坠地开始，孩子就注定走上一条“离父母越来越远”的道路，他们随着自己能力的增强和年龄的成熟，最终会与父母“脱离”，成为一个真正意义上的个体。授人以鱼不如授人以渔，教育孩子尤其如此，与其帮孩子做太多事，不如教会孩子怎样去做自己的事，毕竟父母无法陪伴孩子一辈子，他们始终都要靠自己去生活。

14 岁的米刚早已经进入初中了，可都这么大的男孩了，不管做什么事情，遇到什么问题，都没有一点“主见”和“主意”，事事都要找妈妈，让妈妈帮忙做决定。

这天，米刚一到家就开始和妈妈倾诉烦恼。“妈妈，班里在竞选班长，由于我学习成绩不错，人也平易近人，所以班主任特地找到我谈话，希望我能参加竞选，你说我要不要去竞选班长呢？”

妈妈闻言问道：“你自己是怎么想的呢？”

米刚皱着眉头回答道：“我想参加竞选，做班长可以锻炼自己的能力，也能为班集体做一些事情。可是做了班长，肯定会有不少事情需要处理，会占用学习时间，万一成绩下滑怎么办呢？再说，参加竞选不一定就能当上班长，如果落选了岂不是很丢脸，我想来想去，也不知道该怎么办？妈妈，你替我做决定吧！我听妈妈的。”

最后，米刚妈妈拿出一张白纸，分别把参加竞选班长的好处和坏处罗列出来，然后进行对比，最终得出了参加竞选的结论，米刚按照妈妈的意见参加了这次的班长竞选。

像上述案例中一样，孩子没主见往往会被一些家长忽略，他们往往认为自己的孩子很乖、很听话，教育起来也很省心，但却没有意识到，一个没有独立想法的孩子以后该怎么办？事实上，孩子缺乏独立思维，很大程度上是由父母的教育方式造成的。父母包办了孩子的一切事务，包括衣食住行，择校选专业，于是孩子饭来张口、衣来伸手，什么也不想，什么都不需要考虑。如此一来，又怎么可能会有自己的独立见解呢？

孩子的事情，请让他们自己来干。第一次自己吃饭、第一次自己洗衣服、第一次做饭、第一次打扫卫生……孩子的很多“第一次”都是被家长扼杀掉的。因为是第一次，所以孩子往往做得不够快、不够好，很可能还需要父母为其善后，给孩子善后自然比父母直接替孩子做好要麻烦得多，不少父母为了节省时间、精力，或者看孩子磨磨蹭蹭忍无可忍，就强硬地制止了孩子的积极行动，取而代之。久而久之，孩子的行动积极性就被无情地扼杀了。

第一次做饭，可能会浪费很多食材，厨房可能会变得乱七八糟，做出来的饭可能半生不熟、不能下咽，但请不要制止孩子，而应耐心地指导孩子、夸奖孩子，肯定他们自己做事的积极性。一回生，二回熟，孩子做的次数多了，自然就会慢慢长进，就能提高厨艺，即便外出求学、工作，也能在饮食上照顾好自己。

独立自主是一个人健康人格的重要组成部分，孩子未来所面临的选择、机遇、挑战都是复杂多变的，不可能一辈子都依赖父母来做决定，来替自己把事情做好，他们能依靠的只有自己，所以尽早培养孩子的独立性，引导他们做自己力所能及的事情是非常有必要的，这对孩子成年后的家庭和工作都具有十分重要的意义。

面对依赖性格的孩子，家长怎么办

如今，“啃老族”已经成为了一种社会现象，为什么有这么多孩子成年了，不去参加工作，不去赚钱养活自己，而是像巨婴一样待在家中，等待年迈的父母辛苦养活呢？“啃老族”的大范围出现，实际上与教育有非常大的关系。尽管“啃老族”在年龄上已经成年了，但是其“心理”却依然停留在孩童时代，他们根本就没有学会独立，而是习惯一直依赖自己的父母，并将这种依赖行为延伸到了成年。

孩子自己不肯吃饭，于是一口一口地追着喂；晚上闹脾气不肯上床睡觉，于是父母陪着、哄着睡；不管是书包、文具还是作业本，孩子一手指头都不动，于是天天帮孩子收拾好……父母们总是用“孩子还小”“家里就这么一个孩子，哪里舍得让孩子干活”等理由，在不知不觉中剥夺了孩子在成长中变得“独立”的机会。孩子小时候粘着、依赖着我们，我们觉得孩子和自己亲，内心欢喜，可是孩子在未来的一天是要独自走出家门的。小时候没有学会独立，长大后也会继续依赖父母，“啃老族”就是活生生的例子。

身为父母，你希望自己的孩子按照这样的轨迹发展吗？给孩子穿衣、喂饭、收拾书包很容易，不过是举手之劳，可是孩子未来步入职场，要建立自己的社交关系，父母还能代劳吗？就算愿意代劳，能代替得了吗？

晓月妈是一个十分心疼孩子的妈妈，“我什么都替女儿做好了，就希望她能出人头地”。晓月一直在妈妈的悉心照料下生活，只要好好学习就行，洗衣、做饭、家务、购物等琐事都有母亲打理，不用费什么心。

尽管孩子在生活技能上比较欠缺，很依赖母亲，不过令晓月妈欣慰的是，女儿晓月是个很争气的姑娘，从重点小学到重点初中，再到重点高中，女儿一路考到了远离家乡的名牌大学，也算一番苦心没有白费。

眼看着女儿长大了，也有出息了，晓月妈十分高兴。在女儿进入大学的第一年，中秋节前夕，晓月妈收到了一个女儿寄来的大包裹。看到包裹，晓月妈十分开心，心想：闺女真是长大了，都知道过节给父母送礼物了。怀着“吾家有女初长成”的喜悦，晓月妈拆开了包裹。

包裹内的东西却让这位母亲哭笑不得，包裹内不是什么礼物、礼品，而是女儿寄回来的一大包脏衣服，还附着一张纸条：妈妈，帮我洗干净，再寄给我。

一个已经进入大学的女孩子，竟然不会洗衣服，相隔两地，竟然把脏衣服寄回家让妈妈洗。这样的事实确实很令人震惊，但也很令人触目惊心。在培养孩子成才的过程中，身为父母一定要让孩子逐渐独立起来。

千万不要包办孩子的一切生活，否则，等我们意识到孩子年龄大了还很依赖父母的问题时，孩子已经独立不起来了。如果你不想让自己的孩子成为“啃老族”，成为一个连自己生活都无法打理的人，那么，从现在开始，帮助孩子克服其依赖症吧！

（1）大胆放手。

从孩子开始会走路时，我们父母就要学会“放手”，只有放手，才能让孩子在跌跌撞撞中学会走路，孩子自己力所能及的事情，也不要一手包办，试着让孩子自己学会吃饭、穿衣、收拾玩具、写作业、洗衣服、做饭……父母把手放开了，孩子才有自我学习、自我成长的机会，才能成为一个独立自主的人。

（2）莫揽责任。

有些父母总喜欢帮孩子包揽责任，孩子做事从不考虑后果，反正不管怎么样，都有父母给自己善后，于是他们肆意妄为，嚣张无比，“我爸是李刚”就是这种教育方式的典型后果。吃一堑才能长一智，父母千万不要帮孩子包揽各种责任，孩子做错事情了就应该自己去承担后果，如果帮助其逃脱惩罚或者代其受罚，只会让孩子越加变本加厉，在错误的道路上越走越远。

正如美国商业领袖罗伯特·汤森所说：“人最终要独立地走向社会，就必须拥有自主独立的能力。”父母要想让孩子成为一个独立的社会人，就必须要从小培养孩子的自主、自立、自强精神，并引导他们在实践中不断获得成长。

如何培养孩子的独立思想

“谁思考过世界上其他国家粮食紧缺的问题？”一所国际学校里的老师给讲台下肤色各异、国籍不同的孩子们提出了这样一个问题。孩子们的回答非常有趣，美国的小男孩问：“老师，什么叫‘其他’国家？”来自非洲的学生拧着眉头问：“粮食是什么东西？”欧洲的大眼小姑娘天真地看着老师问，“老师，‘紧缺’是什么意思？”来自中国的黑头发黄皮肤的学生则不懂“思考”是什么……

尽管这只是一个看起来似乎有些诙谐的小故事，但其中所折射出来的“教育问题”却发人深省。在“独立思考”方面，中国孩子确实不如美国的孩子们更加特立独行，有自己的想法。诚然，这有社会整体教育的影响，因为国内重视“基础知识”的灌输和传授，但却往往忽略了孩子个性和思考的培养。此外，家庭教育不重视孩子独立思考能力的培养也是一个重大原因。

作为一个合格的家长，我们不能把所有教育责任都推给学校，做“甩手掌柜”，指望学校把孩子培养成为一个品格优异、性格积极、成绩向上的人，这是不切实际的期望，也是不负责任的想法。如果你希望自己的孩子成为一个有独立见解、能独立思考、能果断决策的人，那么就要自己多在“家庭教育”上下功夫。

力力妈由于有多年海外留学、工作经历，所以在教育孩子的这件事情上也比较偏“西化”，特别注重孩子独立思考、独立决策能力的培养。

“在力力很小的时候，我和力力爸就有意识地让孩子自己做决策，吃什么饭、穿什么衣服、读哪所学校、暑假去哪里旅行……这些生活中的事情，我都让孩子自己思考、自己提出想法、做出决定。”力力妈在谈到自己的教育经验时，这样说道。

不少孩子往往都是采用“哭闹”“赖皮”等办法达到自己的目的，比如想要一个玩具，就死缠着父母，父母实在不耐烦了自然就会做出妥协，孩子就能得到自己喜欢的玩具。不过，力力很小就知道，这个其他小朋友觉得很好用的办法，对自己来说根本没什么用，父母根本不会买账。

不管提什么要求，力力父母都会要求力力做一个小小的“演讲”，只有理由够充分，有道理，能说服父母，自己才能如愿以偿。所以，力力想要变形金刚的时候，仅仅和父母说“想要变形金刚”是不行的，而是要苦思冥想，怎样才能说服父母给自己买。

这种“演讲”的教育办法是非常值得推崇的，它会有针对性地让孩子的大脑动起来，去思考解决问题的办法，同时还能锻炼孩子的口语表达能力和决策能力。当他们实在找不出足够的理由去说服父母时，就要面对“取舍”的问题，这对于孩子来说，也是一种“决策力”的训练。

（1）批判式阅读法。

大多数父母在给孩子讲故事、读绘本故事时，都是讲完故事就结束了，其实我们这样的做法还远远不够。应当引导孩子养成“批判性阅读”的行为习惯，帮助孩子在阅读的过程中去思考，比如在讲白雪公主的故事时，可以有意识地问一些问题引导孩子思考：“七个小矮人为什么没有自己的名字？”“魔镜是如何知道白雪公主更漂亮的？”这些问题没有固定答案，关键是培养孩子的思考能力，能够自圆其说。

（2）要给孩子思考的空间。

3 岁的孩子在贴贴画，一手拿纸片，一手拿胶棒，可纸片怎么也粘不住，这时旁边的妈妈看到孩子把胶棒拿反了，赶紧过来指导……很多时候，父母的帮忙和教育都是没有必要的，其实让孩子通过反复摸索、试探，找到胶棒的正确使用方法，往往要比父母直接告诉要好得多。要想让孩子有独立思想，请一定要给孩子思考的空间，相信他们能在实践中找到方法，虽然起初的时候会跌跌撞撞，但只有经过这个过程，孩子在未来才能走得更快、更远。

（3）辩论式训练。

开展辩论活动也是训练孩子独立思考的好办法，父母可以引导孩子“推举反例”，与小伙伴们集体讨论等，也要鼓励孩子多参与学校、少年宫等组织的辩论赛，观看“辩论”类的电视节目，这都有利于孩子思考问题。

财务支配力一定要从小开始培养

“我家儿子都十岁了，一点管钱观念都没有，我们给多少零花钱，他就花多少，一分都不会剩下，花完了再要。这么下去可怎么办呀？真担心孩子长大工作后，因为不善计划花钱而陷入窘困。”

“我家女儿五岁了，但还是不怎么认识钱币，为了训练孩子财务支配能力，我给女儿5元钱让她去买自己喜欢吃的棒冰，结果买了3元一个的棒冰后，找回来1元钱。我问为什么，女儿的回答哭笑不得：‘我给了售货阿姨一张钱，售货阿姨居然找给我两张，阿姨肯定是找错了，我坚持退给了阿姨一张，妈妈，我是不是很诚实守信啊，你怎么都不夸奖夸奖我？’”

“愁死人了，每年过年，孩子都会收到上千元压岁钱，压岁钱给孩子自己支配也没有什么，但关键是孩子拿钱都去游戏厅玩了，压岁钱越多，玩的越凶，父母一说就反驳压岁钱是他自己的，怎么花谁也管不着，都不知道该怎么办？”

……

关于“金钱”，不少孩子都会有这样或者那样的问题：偷拿父母钱财买喜欢的东西；花钱没计划，一口气必须花完；钱没花到正地方，全都被变相浪费掉了，甚至让孩子养成了不好的习气……其实，孩子身上的这些问题，与父母在孩子“财商”方面的教育有非常大的关系。

千万不要认为孩子年龄小，谈金钱意识和理财能力还为时过早，让孩子尽早懂得“金钱”，养成正确的“金钱观念”，有合理的花钱计划，对其未来的一生都影响深远，父母们一定要引起重视。

一般来说，培养孩子独立“管钱”的能力，要从以下四个步骤着手：

（1）认识钱币。

从孩子进入幼儿园开始，大概3岁左右，父母就要开始引导孩子认识“钱币”，告诉孩子钱币的用途，金额的大小，什么样子，物品价格是怎么回事等。由于这一时期的孩子，年龄较小，抽象认知能力也比较欠缺，因此在教孩子“认识钱币”的时候要用具体直观的方法，宜将不同面值的钱币摆在孩子面前，让孩子看得见、摸得着，引导他们自己区分不同面额的差别。

有些比较心急的家长，会直接给孩子一些钱，让孩子自己直接支配、实战演练，事实上对于这一年龄段的孩子而言，这样的做法是不妥当的。因为孩子还没有“数”的概念，无法分清多少钱能买什么东西，买完后会找回多少钱，所以家长们还是不要完全放手让孩子掌钱为好。等孩子明白这些之后，再实战演练也不迟。

（2）掌管钱财。

通常来说，孩子五六岁时，就有了“数”的概念，这时父母就可以把小额钱交给他独立掌管了。千万不要认为，给孩子一些小额钱币支配就万事大吉了，父母要做的事情还有很多。比如帮助孩子学会记账，拿多少钱，买了什么东西花了多少，剩余多少钱等，这个方法可以让孩子强化“数”的概念，懂得不同东西价格是不同的，一定金额能买的数量也有差异。此外，孩子缺乏明辨是非的能力，因此在消费倾向上需要家长监控指导，比如发现孩子的零钱都用来买糖，为了避免孩子吃坏牙齿，就要进行一定的引导。

（3）体验“赚”钱。

没有“赚钱”体验的孩子，往往不知道“钱财”的来之不易，因此更容易大手大脚花钱，不懂得节制和计划，当孩子已经能熟练掌控钱财的时候，父母们不妨通过“赚钱体验”来引导孩子加深对“金钱”的理解。比如让孩子参加“义卖”活动，或者专门给孩子提供一些报纸、鲜花等，到公园等地方售卖，让孩子体验“赚钱”的过程，同时，这也能很好地锻炼其社交能力和心理承受能力。

（4）培养孩子理财。

孩子知道怎么掌控钱财了，也明白如何赚钱了，这时，父母就要引导孩子学习储蓄等投资理财了，让孩子知道“钱能生钱”，这也能很好地调动孩子的存钱积极性，强化孩子对金钱的合理支配行为。年龄小的孩子，可以给孩子买一个储钱罐，大一些的孩子，父母可以带孩子了解银行，可以给孩子开设一个儿童账户，教会孩子怎样存取，如何计算计息等。随着年龄的增长，家长可以引导孩子认识更多的理财投资工具，如国债、股票、基金、贵金属、私募等。

你的孩子敢于承担责任吗

责任心是孩子未来安身立命的基础，一个没有责任心，遇到事情只想推诿、逃脱，而不能勇敢承担责任的孩子，未来很难胜任自己的工作，也难以在职场和事业上获得成功。但不少经济条件优越的父母，一味担心孩子吃苦受累，物质上满足孩子需要，尽其所能为孩子做一切事情，担一切责任，却忽视了孩子“责任心”的重要性。

碰倒了水杯，水洒了一桌子，浸湿了课本、作业都无动于衷，等着别人来扶；明明自己不小心打碎了花瓶，宁愿撒谎说是老鼠干的，也坚决不承认是自己做的；学校里与同学发生争执，把同学打伤了，结果不想着如何处理问题，反倒逃回家，说什么也不去学校了……

在现实生活当中，不同年龄段的孩子缺乏责任心的表现也不尽相同，总的来说，年龄越大，缺乏责任心的表现就会越触目惊心，交通事故后只顾逃逸的肇事人，最后不得不面临更严峻的惩罚；欠债后跑路的人必然要面临法院传票和法律的审判，逃避永远不能解决问题，教会孩子面对一切，勇敢承担责任，才能让孩子在遇到突发状况时，做出最客观、理性的选择，从而避免因逃避而造成的更严重的恶果。

“责任并不是一种由外部强加在人身上的义务，而是我需要对我所关心的事件做出反应。”正如美国心理学家弗洛姆所说，身为父母，我们要引导孩子正确认识“责任”。试想，如果孩子对周围的一切都表现出一种消极的逃避反应，这将是一件多么可怕的事情，不承担责任的背后，意味着孩子内心对什么都不在意，什么都可以舍弃，这样的孩子未来必然是孤独的，毕竟谁愿意和一个事事推诿的人交往呢？

如果你不想让自己的孩子成为孤家寡人，如果你希望孩子对周遭的一切充满关心，如果你渴望孩子成长为一个顶天立地、敢作敢当的人，那么，从现在开始，请用心培养孩子的“责任心”和担当意识。

（1）父母要有责任、有担当。

“我要儿子自立立人，我自己就得自立立人。我要儿子自助助人，我自己就得自助助人。”正如教育家陶行知所说，父母是孩子最好的行为表率，要想让孩子讲责任、有担当，那么，我们父母就要塑造这样的形象，准时上班，做好自己的工作，承担为人子女、为人父母的责任，照顾好家中的老人、孩子。父母有责任、有担当，这种言传身教的力量会潜移默化地让孩子也成为一个勇于担当的人。

（2）鼓励孩子承担责任。

有些父母对孩子太过严厉，孩子一旦犯错就要面对异常严厉的惩罚，其实，这样的教育方式反而不利于培养孩子的责任心，孩子很可能会畏惧即将到来的惩罚，而选择隐瞒或者撒谎。我们要鼓励孩子承担责任，当他们坦诚的承认自己的错误时，一定不能训斥孩子，而是应当心平气和地原谅孩子，并夸奖孩子“敢作敢当”的行为。此外，随着孩子长大，他们会自主自发地承担自己的责任，比如自己穿衣吃饭、收拾书包，帮助父母打扫卫生等，这时候父母千万不要强行制止孩子，否则很可能会将孩子“勇担责任”的苗头扼杀在摇篮之中。

（3）让孩子自己承担责任。

孩子走路时摔倒了，不少父母会这样安慰道："都怨地面不平，是不是把宝贝摔疼了，来妈妈呼呼就不痛了。"孩子在成长的过程中，难免会遇到各种各样的情况，当孩子由于疏忽或者其他原因出现状况时，父母千万不要为孩子"脱罪"、无条件"善后"，应当让孩子自己去承担责任。比如孩子把家里的相机摔坏了，父母要以示提醒和惩戒，比如要求孩子用自己的零花钱把相机修好，父母提供维修资金让孩子拿相机去修理等。给孩子"善后"不是爱孩子，反而会让孩子失去承担责任的机会，成为一个没有担当的人，所以父母一定要注意这一点。

吃苦教育：适当吃苦更容易自立

如今，生活条件好了，很多孩子从小就出生在"蜜罐"里，吃什么有什么，想穿什么就穿什么，想要什么玩具父母就会给买……但这种过于优越的生活环境反倒对孩子的成长不利。在实际生活中，孩子们生活得太过于顺利，不知人间疾苦，缺乏同情心，连辛辛苦苦为自己付出的父母都没有体谅、感恩之心，接受一定的"吃苦教育"是十分有必要的。

孩子依赖思想严重，缺乏意志力，哪怕是遇到一件很小的事情都会畏首畏尾，"温室效应"在家庭教育中的影响越发明显。值得庆幸的是，越来越多的家长认识到"吃苦教育"的重要性。

中国青年报社会调查中心曾针对"吃苦教育"做过一次调查，调查样本随机选择了 2017 人，调查结果显示：81.8% 的受访者赞同父母对孩子进行"吃苦教育"，65.7% 的受访者认为吃苦教育对孩子未来发展有很大帮助。受访者普遍认为"吃苦教育"是磨练孩子的意志和培养孩子责任感的重要途径。

“吃苦教育”是近年来的新生事物，上世纪国内民众生活普遍不富裕，孩子们在成长过程中会自然而然的遇到一些挫折磨难，但出生于2000以后的孩子们，赶上了国家飞速发展、国民经济富裕的好时候，所以在生活条件上很优越，加之家庭中孩子少，父母吃过苦，舍不得孩子再吃苦，因此不少孩子在这种环境中变成了“小皇帝”“小公主”。

吃苦耐劳一直是中国民族的优良传统，惟有吃过苦头才能明白生活的不易，才能拥有战胜挫折和苦难的勇气，才能在跌倒后自己勇敢地站起来。

KK的父母都是生意人，由于家里生意做得很大，所以经济条件也是相当富裕。KK父母小时候家庭条件不太好，深深知道缺衣少食、没钱读书的苦，再加上KK小时候，父母都在忙着创业做生意的事，对孩子没有太多的陪伴，出于这两方面的“心理补偿”原因，父母对KK比较娇惯。

不管KK想要什么玩具，想去哪里玩，想吃什么，想穿什么，父母都会应允孩子。直到一次，KK和父母提出想要一架直升飞机作为生日礼物，尽管KK家比较富裕，但购买一架直升飞机对于父母来说并不是一件轻松容易的事，因此，父母拒绝了KK。令父母心寒的是，KK不仅不理解，反而恼羞成怒，冲父母大吼道：“你们怎么这么没用，我想要一架直升飞机都买不起……”

这时，KK父母才意识到，一直一来的“温室”教育，已经让孩子成了一个不知人间疾苦，不懂理解、感恩，且理直气壮地依赖父母的人，亡羊补牢为时不晚，于是，父母将KK送到了一个吃苦教育训练营。

对孩子进行适当的“吃苦教育”是非常必要的，没有经历过地狱般的磨练，又怎能拥有创造天堂的力量，为了孩子拥有坚强的意志力，家长们应该“狠”下心来，让孩子参加一些“吃苦”教育。

不过，值得注意的是，吃苦教育不等于体罚，在对孩子进行吃苦教育时，家长一定要把控“度”，吃苦教育要在孩子身体能承受的范围内，如果非让未成年的孩子举起超过他能力的重量，“揠苗助长”的吃苦教育损害的不仅仅是孩子的心灵，更会造成对孩子身体上的伤害，这就得不偿失了。

吃苦教育是孩子成长的必修课，“不知苦，哪知甜”、“小亏不吃吃大亏，小苦不吃吃大苦”，对孩子进行“吃苦教育”不能只是心血来潮，要形成长期计划。此外，对孩子的吃苦教育，要避免让孩子“吃苦”而吃苦，而应该本着科学的态度，根据孩子的年龄、身体状况、承受能力来制订“吃苦”计划。

此外，对孩子的“吃苦教育”可以在日常生活中进行，比如引导孩子坚持体育锻炼，去参加社工志愿者活动，在为孤儿、孤寡老人服务的同时，可以见到更多的社会现象，从而培养对弱者的同情心，对父母的感恩之心等。

千万不要替孩子做太多决定

继“包办父母”之后，不少年轻父母开始明白：不能替孩子做太多决定，否则很容易养成“依赖型”性格。于是有些父母在孩子的家庭教育方面，走向了另一个极端，生活、学习上的不少事情尽可能让孩子自己做决定。

“我们在孩子的教育问题上十分用心，为了锻炼孩子的独立能力，从小就尊重孩子的想法和决定，不少事情都是让孩子自己做决定，可是现在年纪大了，越来越不听话，自己想干什么就干什么，刚上初中就和同学出去玩通宵，拦都拦不住，真不知道怎么办才好。”

“让孩子自己做决定”这并不是培养孩子“独立性”的灵丹妙药，相反，这是一把双刃剑，如果父母使用不当，很可能会造成上述结果，为什么会出现这种情况呢？

未成年儿童，其内心还没有发展出完善的可以自我约束的道德，严格意义上来说，他们还不具备“自己做决定”的资格，如果父母对孩子缺少监督和引导，而是把决定权全权交给孩子，那么很可能会导致更加严重的后果。

小阳父母十分注重孩子独立性的培养，从幼儿园开始，小到早饭吃什么，穿什么衣服，大到去哪一所幼儿园，父母都十分尊重小阳的想法，但也正是这种“纵容”导致了小阳学业上的不顺利。

在就读于 ×× 初中二年级时，小阳放学回家后和爸爸妈妈提出了一个令人吃惊的决定：“爸爸妈妈，我要转学，我想转到 YY 初中去。”

小阳父母吃惊之余，疑惑的问道，“宝贝怎么了？在学校被人欺负了，还是发生了什么事情？为什么突然想转学了呢？你前些天不是还说在学校里很开心的吗？”本以为孩子会阐述一下自己想转学的原因，结果非常有主见的小阳直接霸气地说道：“你们就不要问了，转学这事我已经想清楚了，也决定好了，你们去帮我办转学手续就行了，反正我是不会再去 XX 学校了，什么时候办好转学，我什么时候去 YY 初中上课。”

不管怎么询问，小阳始终不肯说出想转学的原因，小阳父母只得联系小阳的班主任了解情况，班主任得知此事后也相当吃惊，表示没发现小阳有什么异常，也不清楚小阳为什么想转学。

小阳说到做到，坚决不去 ×× 初中上课，无奈之下，父母只得妥协给孩子办理了转学手续，YY 初中是一所普通中学，在重点 ×× 学校就是尖子生，成绩优异的小阳在进入 YY 初中后成绩越来越糟糕，到了初三中考时只考上了一个非常普通的高中。

眼看着以前的同学都去了重点高中，前途似锦，小阳则失魂落魄地回到家大哭，并和父母倾诉自己的烦恼。小阳父母这才得知，小阳当初非要坚持转学是因为他早恋了，喜欢上了 YY 初中的一个女生，小阳为她放弃了好学校，可到头来两个人还是分开了，学业上与重点高中也无缘了。

孩子想做什么就做什么，很可能是因为“做决定成瘾”了。当一个不具备理性、成熟思维的孩子拥有重大的决策权时，很容易就像故事中的小阳一样因为自己的不成熟而做出冲动、不理性的决定，当“浪子回头”时才发现为时已晚。

教育孩子是一项复杂的系统工程，过早让孩子做太多决定，很容易将孩子推向“以自我为中心”的泥潭，而什么都替孩子做决定，虽然孩子不会因为冲动和盲目而走向歧途，但却会形成依赖的性格，缺乏主见和独立思考能力。

身为父母，我们究竟该怎么做？什么样的方法才可以避免孩子走向歧途，同时又能养成独立自主的品格呢？

首先，如何判断孩子是否患上了“做决定成瘾”症呢？很简单，当我们收回孩子的决定权时，看孩子是否能接受父母的意见和建议，如果不管什么事，孩子都是坚持自己的意见，丝毫听不进别人的劝告，那么，孩子的情况就比较令人担忧了。

在给孩子决定权时，父母一定要考虑权利与孩子的自制力是否匹配、对等。一个管不住自己吃糖的幼儿，给他的零花钱越多，他吃的糖就会越多，在这种情况下给孩子零花钱支配的自主权，只会害了孩子。只有当孩子自由做决定的范围和他的自制力相当，他的成长才可以是和谐健康的。所以，父母在培养孩子的独立做决定时，一定要循序渐进，一步一步地来。

第六章
控制自我情绪：告诉孩子怎样处理矛盾情绪

青春期的孩子往往更容易被“情绪”问题困扰，他们不知道怎样处理矛盾情绪，于是顶撞父母、师长，这一阶段是培养孩子情绪自控能力的最佳时期。

引导孩子正确面对“负面情绪”

负面情绪在心理学上指的是焦虑、紧张、愤怒、沮丧、悲伤、痛苦等情绪。人们之所以这样称呼这些情绪，是因为此类情绪体验是不积极的，身体也会有不适感，甚至影响工作和生活的顺利进行，进而有可能引起身心的伤害，而孩子一旦产生此类情绪，后果更甚。因此，作为父母，积极引导孩子正确面对负面情绪就显得尤为重要。但是在此之前，了解青春期孩子的特点是有效沟通的前提，只有对孩子有了全面的了解，才有助于父母对症下药。

石头从小就是个乖孩子，学习上家长一直很放心，深得长辈的喜爱。可是自从他顺利考入了重点高中后，他似乎性情大变，因此，给父母带来了很大的困扰。他开始沉迷于网络游戏，经常出入网吧，学习成绩也一落千丈。

看着石头日渐沉迷，他的父母心急如焚，但是不论他们怎么劝说、教导、管束，都见不到一点儿成效。石头不仅没有改变，反而脾气越来越大，动不动就跟父母吵架、斗嘴，甚至一不高兴还会摔东西，弄得彼此之间很是不愉快，石头的妈妈因此一下子病倒了。在一次父子冲突中，石头选择离家出走……

是什么导致了这样的局面，是什么致使原本乖巧懂事的孩子变得如此暴躁？从孩子的角度来看，因为是处于青春期初期，意志品质发展得还不是很完善，自我调节和自我控制能力还不强。这时候，他们通常有自己无法控制的愤怒，这一点其实他们自己也相当苦恼。这时候，如果父母不但不理解、引导和帮助，反而对其进行打骂、指责、用赞美和羡慕别的孩子的方式来贬低自己的孩子，那么孩子的情绪只会更加激动和不可控制。

因此，为了避免这种情况，我们应当学会分析孩子内心的渴求，正面引导孩子，在孩子人生的三岔路口，给孩子指出前进的方向。作为父母要沉着应对孩子的一切，以自己的优良品格影响孩子。因为如果父母表现给青春期孩子的信息是负面的，这将会在孩子的内心深处留下暗伤，不仅不利于他们的成长，而且还会影响他们将来的幸福和生活。

林柱的初中阶段是他人生中的一段噩梦，由于他学习成绩差，不仅老师对他视若无睹，同学们也故意疏远他，不愿意跟他一起上课、玩耍。而他的父母，因为常年在外打工，很少回家，因此林柱缺少家庭的温暖。他的父母基本上每次回来只待一两天，虽然林柱很希望父母回家，可是他的父母却因为他的成绩差而经常教训他。

林柱在学校和家里的遭遇时刻提醒他，他是一个讨人厌、没人疼没人爱的孩子，他说自己真的很努力地在学习，但是周围的人都没有看到，他们一直把他当成一个糟糕、失败的人，久而久之，他觉得再努力也没有意义，于是他就不把注意力集中于学习了。他说：“我经常一个人静静地坐在角落里，不仅别人不喜欢我，我也嫌弃我自己，我恨我自己的不争气，我恨我自己的懦弱，我真的很孤独，我觉得我的人生失去了希望。”

是什么让这么小的林柱就产生了如此强烈的自我否定呢？只是因为他的成绩不好吗？只是因为老师同学的嘲笑吗？毋庸置疑，这些确实是其中的一种原因，但是更重要的是长此以往而滋生的深深的孤独感。

孤独的表现有两方面。一方面的表现是退缩，另一方面的表现是以攻为守。而林柱就是前者，退缩的孩子会在言语和行动上表现退让。在遭受到伤害的时候只会一味承受，退而求其次，这样的态度和行为，虽然不会激怒他人，但是对退缩者来说却会使他们陷入更深的孤独之中。

为了避免孩子陷入更深的孤独之中，父母可以从以下几个方面入手。

（1）鼓励孩子表达情绪和感受。

这一点对孩子很重要，一方面可以让家长尽早了解到孩子的感受，并及时加以引导。另一方面，孩子的接纳与合理表达本身就会让负面情绪得以缓解。父母要让孩子觉得任何感受都是可以表达的，切莫简单地压制、批评甚至斥责孩子。

（2）充分共情。

共情是亲子沟通的基础。由于孩子语言表达能力有限，简单询问孩子开不开心的作用并不是很明显，父母可尝试帮孩子尽可能地表达出他内心微妙的复杂感受。对不太有把握、难以确定的部分，可以用“你看起来 / 感觉……，是吗”的句式来询问，尽量描摹出孩子细微复杂的情绪和感受，从而给孩子更多的选择空间。

（3）告诉孩子如何处理负面情绪。

孩子的所有情绪和感受都可以被接纳，但接纳不等于赞同！与之相反，家长接纳了孩子的感受后，可以引导示范孩子怎样用正面行为来表达自己的感受，怎样调整自己的行为来改善现状。家长可以引导孩子学会自我安抚，学会欣赏自己拥有的。比如告诉孩子害怕的时候可以抱着自己喜欢的玩偶，看自己喜欢看的故事书，嫉妒的时候可以想想自己拥有什么，这会让自己感觉好多了。

告诉孩子怎样合理排解“矛盾情绪”

随着青春期的孩子的心理能力的发展和生活经验的增长，其情绪的感受和表现形式不再像以前那样单一了，但是还远远比不上成人的情绪那么稳定，常常表现出两面性，即我们常说的“矛盾情绪”，其表现常常有以下几个方面：

（1）狂暴性和温和性共存。

青春期的孩子的情绪表现经常是一石惊起千层浪，或者可以用“疾风暴雨”来形容。同样的一个事情，在他们那里就会产生强烈的反应，甚至达到天翻地覆的程度。但是青春期的孩子的情绪表现也并非是一成不变的，有时候也会呈现出温和细腻的特点。所谓的温和性，指的是个体的某些情绪经过掩饰之后，以一种较为缓和的形式表现出来。青春期的孩子已逐渐克服了儿童时期具有单一性和粗糙性的情绪体验，由于已经有了主观因素的介入，孩童可以更直接地表达自己的感受，其情绪往往变得更加丰富。

经常会看到这样的家庭现象，孩子刚回家打开喜欢看的电视节目，突然间妈妈也回来了，看到孩子正在看电视，顿时火冒三丈，气不打一处来，立马嚷嚷道：“马上就要中考了，你不抓紧时间努力学习，只知道看电视，将来能有什么出息！赶紧给我学习去！”孩子的第一反应是翻个白眼，置之不理，这时妈妈大发雷霆，三步并两步就来到电视机前，狠狠地关掉了电视机。气愤的孩子也愤而起身，“砰”的一声把门关上了，任由妈妈在门外叫喊……

这就是典型的狂暴性矛盾，为了解决这一矛盾，不仅需要孩子自身调整，还需要家长做出改变。从孩子来说，孩子要学会合理控制，选择合适的宣泄途径，因为人在生活中难免会遇到各种各样的不良情绪，如果不能够采取适当的方法加以宣泄和调节，就会对身心产生消极影响，而且不利于以后的人生发展。因此，当遇到不愉快的事情的时候，作为孩子，不要积压在心里，要学会找人倾诉，学会选择适宜的方法进行宣泄。从父母的角度，父母要成为情绪管理的典范，学会以自然适当的方式处理自己的情绪，避免在孩子面前表现自己的反复无常，为孩子树立良好的榜样。

（2）内向性和表现性共存。

情绪的内向性指的是隐藏性的情绪，它拒绝以纯粹的方式表达情感，更多的表现为个体将喜怒哀乐等情绪隐藏在心里。而表现性则与之相反，它是指人总会自觉或不自觉的就将某些表演的痕迹带入自己的情绪中，失去了童年时候的自然随性，显得有些矫揉造作。

永泰县东洋中学的初三学生小黄，在结束中考语文科目考试后，剧烈的疼痛让他难以继续接下来的考试，直到此时他才向父母道出了一个埋藏4年的秘密：自小学五年级起，他就经常被其他同学无故殴打，第三天晚上，他再次遭到同班同学的夏某、林某和张某的殴打，忍痛2天后被送往医院，却被发现脾脏严重出血，最终进行了脾脏切除手术。

不知道从什么时候起，“校园暴力”就充斥在我们的生活之中，但是正是由于内向性的矛盾情绪，致使包括小黄在内的很多孩子在面临侵害时，向父母隐藏了自己的真实感受，从而导致了自己的不幸。当然在这里我们只是就内向性的一个负面影响进行了分析。

（3）可变性和固执性共存。

可变性指的是不稳定的情绪体验，经常表现为情绪之间的突然转换，让人摸不着头脑。这种特点使得出于青春期的孩子们的情绪表现缺乏深度，不能够持久下去，往往在同一时间段就被集中情绪充斥，让人无所适从。固执性指的是情绪体验上的顽固性，主要表现为青春期的孩子对客观事物存在着偏执的特点，比如说孩子们经常因为生活中的一些失败和挫折就失去了自信，陷入深深的自卑和无助之中。

情绪的可变性和固执性最容易导致孩子的自卑心理，为了防止孩子陷入到过度自卑之中，父母需要加以积极引导，比如教会孩子享受乐趣，对青少年来说，发展一些健康的兴趣，能使自己获得更多的快乐，从而变得更加自信，形成生活中的良性循环。其次就是教会孩子学会自我欣赏，生活因为欣赏而精彩，生命因为欣赏而美丽。“金无足赤。人无完人”，我们没有必要刻意磨平自己的棱角去迎合别人，所以作为父母，要教育孩子不要自卑，要学会保持自己的特色，走出自己的风格。

小测试：孩子的情绪自控力是高还是低

在超市货架前，有一个四岁左右的小女孩又哭又闹地缠着爸爸买巧克力，后来干脆赖在地上打滚，引来众人纷纷驻足观看。爸爸感到很难为情：“不是说好不买玩具了吗？……好啦好啦，别哭了，给你买给你买，行吗？”小女孩终于破涕为笑。

相信许多家长都有这样的体会，虽然自己也知道面对孩子的无理取闹时，应该坚持，但是看到孩子哭得那么伤心，又会舍不得，然后仔细想想，买点零食又不是自己负担不起，何必让孩子在公共场合如此大吵大闹呢，所以就妥协了……家长的无奈可以理解，做法也的确能让孩子的情绪很快过去，但是，没有原则的妥协是个大问题，可能因此错失了教导孩子自制力的良机。

自制力是重要的基础情商能力之一，指的是一个人能控制及调节自己的行为，坚持不懈地实现目标的能力。自制力强的孩子有两个特点：

一是不做不该做的事，二是坚持去做该做的事。而情绪上的自制力指的是孩子能否合理控制自己的情绪，能否适时表达合理的情绪的能力，这在孩子的日常交往中具有很重要的影响。

测试孩子的情绪自控力是高还是低其实很简单，比如开头的例子，当孩子想要某一件东西，而父母又拒绝这种要求时，孩子会如何表现。有的孩子能够调控自己的情绪，该哭的时候哭，该笑的时候笑，而有的孩子则不知道什么时候应该哭，什么时候应该笑，而有的孩子则会利用自己的情绪影响父母的决定。通过测试我们会发现孩子的情绪自控力确实是有高有低，但重要的并不是高或者低，重要的是如何教育孩子合理的调控自己的情绪。

有一次，一对夫妻发生一些争执。他们的儿子大概是两岁多，只会说很简单的话，看见这个场景，突然就说“打爸爸”，然后爸爸问：“宝宝你怎么了？”他说“打妈妈”。一会儿奶奶走进房间，问：“宝宝怎么了？”他说“打奶奶”。奶奶很生气，说：“你这么小的人敢打我、一点礼貌都没有！”

这时候爸爸发现孩子的情绪很不正常，于是蹲下来问孩子：“宝宝，你是不是很害怕呀？”孩子“啪”就打了爸爸一个耳光。一连三次都是这样。爸爸被孩子莫名其妙地打了三个耳光以后，也有些恼火了。但他还是继续耐心地询问：“宝宝，你是不是很害怕呀？”这个时候他看见孩子的泪水突然一下子喷射出来，嚎啕大哭。后来爸爸才明白孩子是因为看见爸爸和妈妈那么大声说话，感到很害怕，所以才过来打他们的。

这个事情表明小孩子的行为并不是不礼貌，他真正的情绪是“恐惧”，但是他表现出来的却是另外一种。因为那个时候他的情绪是他自己不知道的，也是他无法控制的，因此，父母要帮助他们了解自己的内心真正情绪。即他看到什么，然后产生怎样的情绪反应，这样的过程我们称之为“情绪链”。并且，只有通过这种方法，我们才能在了解孩子的基础上，帮助他们提高自我情绪自控力。

家长们如果想要帮助孩子培养他们的情绪自制力，可以从以下几方面着手：

（1）耐心接纳孩子的情绪，但要拒绝不合理的请求。

家长应该允许孩子提出要求，但是如果要求不合理或不必要，家长要做到心中有数，懂得灵活处理，必要时要坚定地对孩子说“不”。绝对不能因为孩子又哭又闹，就妥协迁就。当孩子调皮任性时，家长应能动之以情，晓之以理，循序渐进地帮助孩子逐渐提高自控力。

（2）以自身合理的情绪调控为榜样，引导孩子的行为。

当作为家长的你要求孩子每天不能长时间看电视时，自己是否一直坐在电视机前？当你要求孩子不乱发脾气时，自己是否总是无缘无故地发火？如果家长们希望孩子有自制力，请反思自己的一举一动是否做到好的示范？当我们因为孩子的反复无常头疼时，请先反省一下自己有没有“任性”。

（3）制定合理清晰的规则，便于孩子理解与认同。

为了提高孩子的情绪自控力，家长有必要制定规则，让孩子知道什么事可以做，什么事不可以做。当然，这个规则首先要合理可行，必须是孩子目前的能力可以做到。然后是奖罚分明，为了更好地实施这一规则，必须让孩子明确其要承担的后果，例如“如果在大街上哭闹，爸爸将立刻带你回家”“刚买过的东西还要买，就必须选择一个放弃”等。

冲动型性格：数豆子的耐心训练法

有句名言：“上等人，有本事没有脾气；中等人，有本事也有脾气；

末等人，没有本事而脾气却大。”坏脾气的人其实未必脾气有多坏，往往是过于冲动，因此，虽然本质不坏，却因为被情绪左右，难以拥有快乐和幸福。因此，对于孩子的冲动性格，家长应该多加关注。避免孩子因为冲动而养成坏脾气，不利于今后的发展。

冲动型性格的人会因为微小的刺激而突然爆发非常强烈而又难以控制的愤怒情绪，并且往往伴有冲动行为，主要特征为情绪不稳定及缺乏冲动控制能力，暴力或威胁性行为的突然爆发也很常见，这种情绪与行为变化和平时有些不一样。所以事发之后，他们常常对自己的行为感到后悔、懊恼。

小雷是个脾气暴躁的孩子，经常容易冲动。有一次，吃过晚饭，他和爸爸一块儿下五子棋。他们你一步我一步，有条不紊地较量着。突然，眼看着小雷就要胜利了，没想到爸爸的黑子一落，小雷的队形就被打乱了，还没等他反应过来，爸爸的黑子已经抢占了先机，最终爸爸反败为胜。

小雷顿时耷拉下脸来，气急败坏地冲着爸爸嚷道：“爸爸，你肯定耍赖了，这局不算，我们重来。”说着就伸手将眼前的棋局弄乱了。爸爸看到小雷的举动，也很生气，觉得孩子太任性，不能惯着，于是拒绝再来一次。这时，小雷居然起身打起了爸爸，然后将爸爸轰了出去。过了一会儿，他又自己一个人躲在角落里哭，说自己也不想那样对爸爸的。

众所周知，“生气是一种负面情绪”，但我们又总是被生气困扰，这就需要我们时刻观察克制自己的情绪。俗话说，“忍一时风平浪静，退一步海阔天空”，放纵脾气的爆发，则只能让事情越发难以控制，同时把自己的心态推向负面。不仅成人如此，孩子也是这样，只有教会孩子拒绝冲动，学会忍耐，才能够让他们避免麻烦，同时修炼较为平和的心态，为以后的发展提供帮助。为了避免孩子们像小雷一样冲动任性，家长需要利用多种方法帮助孩子走出冲动的漩涡。

方法一：用沉默化解冲动。

很多时候，孩子都会表现出强烈的逆反心理，你越是告诫他不要做什么，他越是跟你对着干，家长如果依靠暴怒、谩骂来解决的话，争执的烈火会越烧越旺。其实，面对孩子的一些冲动型行为，家长大可不必大动肝火，相反，此时最应该做的就是提醒自己理智起来，不要被孩子的情绪激怒。沉默是争执发生时最好的武器，选择在适当的时候沉默和在适当的时候进行教育，反而会使孩子在无声的指责中认识到自己的错误，从而自觉地进行改正。

方法二：用意念控制冲动。

这个方法对于小孩子来说也许还有些困难，但是如果家长能够加以正确引导，还是可以起到很好的作用。如果你的孩子时常冲动，可能是自制力不够强。这时家长应当教育孩子学会积极的自我暗示和激励，控制自己。比如，当他要参加一项很重要的活动时，家长要教会他在心里默念那些能给他带来激励的话，让他在内心里为自己建立一种力量。

方法三：进行有效的移情训练。

人们在情绪控制力量减弱的时候，冲动行为的力量就会增强。因此，此时做出的一些行动，在事后就容易感到后悔。专家所倡导的最简便易行的移情方法就是让孩子学会数豆子。所谓数豆子，就是把一堆豆子摆在孩子的面前，让孩子一个一个地数，开始时，冲动的孩子往往没有耐心，也许数到十就会显得很不耐烦，这时候就需要家长对其加以引导，帮助孩子克服内心的烦躁，学会沉下心来。久而久之，孩子就能够逐渐形成自己的耐性，在以后的生活中，当面临问题的时候，就能够学会先进性独立的思考，然后才采取行动，从而逐步摆脱冲动。

这种移情训练简单好学，我们可在平时的生活中有针对性地加强。根据孩子的兴趣，家长可以选择一些其他的磨炼耐性的活动，比如弹琴、绘画、写字等，既能增强孩子的控制力，又能陶冶孩子的心性与内涵。

内向型性格：快乐情绪带动法

一位陈女士打电话向心理医生反映，她女儿今年8岁，在一所小学上三年级，女儿性格有些内向，在班里学习成绩中等，不会给老师制造麻烦，但也不善于表现自己。另外，她的班主任老师比较严厉，这让女儿有些紧张，在班里更是默默无闻，属于经常被老师忽视的那一类学生。前几天，女儿与班里一位学习好的同学发生摩擦，这位同学又联合班里其他几个同学孤立女儿。陈女士说，女儿成绩不突出，不受老师关注，也不太会处理与同学发生的冲突，她很担心会不会影响女儿今后的学习和生活。

其实在现实生活中，随处可见内向的孩子，他们习惯站在人群的后面，喜欢安静，主动和人交际的意识比较弱。很多专家都认为，容易害羞的孩子通常是个很好的倾听者，加上他们有更多的时间来思考，因此，他们常常能听到别人内心深处不愿为人所知的“秘密”。但是他们的交际能力往往很差，如果需要训练他们的交际能力，让他们走出封闭的自己，父母一定要明白，不能强迫孩子与人交际，因为强迫只会让他变得更加封闭，父母应多给孩子一些时间，用快乐情绪带动法将孩子引入到外向、开心的环境中，这能够让他们在心理上感受到安全和自在，从而远离孤单畏惧的感觉。

所谓快乐情绪带动法指的是让孩子置身于一个充满快乐的氛围中，利用周围人快乐的情绪感染孩子，使之可以摆脱内心的恐惧和不安，能够勇敢的与人交流。家长不妨从以下几个方面带动孩子的快乐情绪。

（1）鼓励孩子多交朋友。

性格内向胆小、抑郁的孩子大多数都不善交际，他们经常要忍受孤独，无法享受友情的温暖，长此下去，孩子会越来越内向。父母不妨鼓励孩子多交朋友，特别是同龄朋友。

飞飞从小身体就不好，性格比较内向、害羞，在班里经常会受到其他孩子的欺负，于是父母就告诉他别跟同学玩闹，所以飞飞每天上学放学，都是独来独往。虽然飞飞所在的社区有很多小朋友，但是飞飞的父母觉得飞飞还小，身体又弱，怕社区里的其他小朋友也跟学校里的一样欺负飞飞，所以不放心让他出去玩，因此飞飞只能在家里玩玩具，或者缩在沙发里看书。

到了小学三年级，飞飞非常渴望交朋友，很羡慕别的小朋友能开心地在一起玩。他问妈妈："为什么我没有好朋友？"妈妈觉得飞飞已经长大了，不应当再整天待在屋子里，于是妈妈鼓励他到楼下与小朋友玩，并且帮助他出主意，告诉他怎样玩。玩得痛快尽兴的飞飞，不仅饭量大增，而且性格也开朗了许多。不久，飞飞就有了要好的朋友。

（2）鼓励孩子多参加集体活动。

经常参加集体活动，有利于孩子逐渐树立起集体观念、团队精神，处理好个人与集体的关系，发现个人存在的价值，在完成共同任务中认识到统一意志、自觉遵守纪律的必要性。丰富多彩的集体活动，也会让孩子扩大知识领域，发展才能，培养兴趣爱好和特长。

笑笑比较内向，不善于和别人交流，没有几个好朋友，她感到很孤独。爸爸知道后，就骑着自行车把他带到离家不远的羽毛球场，在这里有很多跟她一般大的小朋友在快乐的玩耍，爸爸告诉笑笑说："你去和他们一起玩一会儿吧。"起初笑笑并不敢，但是在爸爸的劝说下，她终于鼓起勇气。以后每天放学，爸爸都会带她到这里跟其他小朋友玩一会儿，久而久之，笑笑逐渐变得开朗，她也拥有了很多好朋友。

（3）让孩子学会倾诉苦闷。

一般来说，内向的人喜欢把不满、痛苦、烦恼、焦虑等不良情绪压抑在心底，使心理冲突长期得不到解决，这不但会严重地损害身心健康，而且还会使内向的程度进一步加深。因此，家长应时刻注意观察孩子是否遇事闷闷不乐，郁郁寡欢，将所有“心事”封闭在“自我”之中，帮助孩子学会倾诉，学会减压、释放。

（4）教孩子调整心理状态。

内向的孩子喜欢把一切情绪都藏在自己的心里，所以家长要使孩子明白，人总会有伤心难过的时候，但是绝对不要让自己沉浸其中，要学会倾诉与调整，这会使他们从失望中振作起来。在孩子受到挫折时，可为他指出前途总是光明的，使他在恢复快乐心情的环境中寻找安慰。

（5）给孩子创建美满和谐的环境。

家庭和睦，也是培养孩子快乐性格的一个主要因素。有资料表明，在和睦家庭中成长起来的孩子，成年后能愉快生活、健康成长的，比不幸家庭成长起来的孩子要多得多。而且相比单亲家庭，双亲家庭的孩子更容易拥有阳光开朗的性格。所以作为家长，应尽力为孩子营造一个幸福快乐的家庭氛围，因为拥有快乐的情绪，不仅有利于孩子的健康成长，而且对培养孩子开朗、自信的性格也有很大的帮助，所以父母在教养过程中要选对方式，用自己的快乐情绪去感染孩子。

敏感型性格：有效的注意力转移法

敏感型的孩子过于依赖安静。因为置身于热闹的环境会让他们不自在，他们胆小、喜欢沉默，不喜欢出头露面。同时，他们的情感十分细腻，很容易受到外界的影响，比如受到表扬，他们会立刻手舞足蹈，遇到不开心的事情，他们会嚎啕大哭。他们普遍的优点是安静、遵守秩序、想象力丰富、善于观察细微的变化。但他们也有一个很明显的缺点，就是过于在意外界对自己的评价，因此他们做事情很容易就被外界暗示所干扰。所以如果家长能够给予孩子积极正确的引导，那么就可以将这种干扰转变为良性引导。

比如，一个男孩的玩具被抢了，所以他不想再带玩具去幼儿园。妈妈知道后，应该给他支持和鼓励：“玩具是你的，你自己决定吧！”男孩说：“幼儿园的一个小朋友威胁我说，如果我不让他玩他就打我！我不想让他玩，所以我决定不带玩具去了”。这时妈妈才知道，孩子在学校遇到困难了，但是他不知道该怎样去面对。

妈妈觉得是时候让孩子接触一点人际交往中需要的技巧了，于是妈妈对男孩说：“你可以告诉那个小朋友，如果他打你，你就更不让他玩。玩具应当借给朋友，如果他能够跟你和平相处，你就可以考虑借给他，但是你已经长大了，你应当自己做决定，不论结果是什么，妈妈都会支持你的！”

男孩说：“妈妈，我改变主意了，我要带玩具去幼儿园，如果那个小朋友不威胁我，能够跟我和平相处，我就让他玩，如果他威胁我，我就不让他玩。”

小男孩之所以改变了主意，就是因为在妈妈的正确引导下懂得了，在和其他小朋友的相处中，不能选择逃避的方式，而应当主动解决遇到的困难，试着化敌为友，与人为善，只有秉着这样的信念，才能够正视别人的威胁，找到了维护自身权利的方法，更何况他已经得到了妈妈的支持，那么他更会勇敢的面对困难。可见，如果父母能给孩子精神上的支持，孩子的心灵就能变得强大。

一个人之所以敏感，是因为他的脆弱。我们必须面对一个事实，那就是每个人都曾经是脆弱的。几个月大的婴儿，甚至不能忍受一点点的不舒服，当他饿了、热了、冷了，或听到很响的声音，就会以哭的方式进行反抗。此时如果有人能够给这个脆弱的孩子以理解，并采取适当的措施去安抚他的焦虑，就会对孩子产生重要的影响。假设一个婴儿，每当脆弱时都能够得到及时准确的抚慰，那么他便逐渐地内化了这种品质，具有了自我安慰的能力。相反，如果婴儿得不到或很少得到抚养者准确的安慰与理解，那么他便经常体验到强烈的受挫感，无法很好地发展出自我安慰的能力。成年后的他们在每一次可能的受挫情景均会唤起婴幼儿期那些受挫体验，表现出来的，便是敏感的反应了。

比如，一个四岁半的男孩非常活跃，感觉自己是个小男子汉了。一天，全家人到湖边散步，小男孩显得很兴奋，不是在这里蹦蹦，就是在那里跳跳……突然，小男孩在往前跑的时候，不小心跌了个跟头。虽然有点疼，但是他并没有哭，因为他觉得自己已经长大了，应该自己爬起来。

这时，妈妈快步走过去，说："你是小男子汉，一定会自己爬起来的。"这句话正说到小男孩的心坎儿里去了，于是他立马站起来，拍拍裤子上的土。

刚要继续往前走的时候，奶奶来到身边说："哎哟，好孙子，摔疼了吧。来，让奶奶看看，一定很疼啊！"奶奶说完这些话，小男孩竟然忘了刚刚是自己爬起来的，突然委屈得大哭。奶奶赶紧把孙子搂在怀里，说："宝贝不哭，都是这路，竟然把我的宝贝孙子给绊倒了，奶奶给你打它……"听奶奶这么说，小男孩哭得就更伤心了……

为什么小男孩刚开始的时候没有哭，反倒站起来之后哭了呢，事实上，小男孩刚开始觉得摔倒就是一件小事，不值得哭，但是在奶奶话语的引导下，他产生了怀疑，觉得要不是地面的原因，自己根本不会跌倒的，于是他就开始委屈。他觉得，遇到这种情形，就应该大哭，而且会感觉妈妈不爱他，不关心他，而奶奶却很在乎他。其实，敏感型的孩子对于委屈是非常敏感的。有时候即使他没有感受到委屈，但如果周围的人，如父母、爷爷奶奶等用话渲染出这种委屈来，孩子就会表现得非常“委屈”，就会哭泣。

出于对敏感型孩子心理的保护，父母要多对他们进行鼓励，否则他们会因为父母无心的负面评价，最终成为一个“坏孩子”。如果父母能够经常鼓励他们，在他们遭遇挫折失败的时候，通过有效的注意力转移法，帮助他们摆脱当前不好事情的影响，转而投向更加积极乐观的想法，或者进行更加有益健康的活动，他们就会产生积极的动力，努力朝着好的方向前进。另外，良好的家庭氛围对于这类孩子来说至关重要，父母要尽量创造一种轻松、欢乐的家庭氛围，帮孩子克服过于敏感的情绪反应。

外向型性格：谁也不是你的出气筒

世界著名潜能学大师安东尼·罗宾曾说：“影响我们人生的绝不是环境，也不是遭遇，而是我们的性格。”这也就解释了为什么有的人能成为优秀的演说家，而有的人面对陌生人就会张口结舌，为什么有的人一生颠沛流离，风餐露宿，但仍然闪耀出炫人的光彩；而有的人生活安逸，衣食无忧，却一刻不曾得到心灵的满足。在这个优胜劣汰的社会，我们必须承认，外向者相对内向者更“吃得开”，发挥的领域更广，生活得更加丰富多彩。

外向型性格的人的心理活动倾向于外部世界，对周围的人和事表示出关心和浓厚的兴趣，善于把握自己的状况、周围人对自己的期许、身边的动态，行事客观性强。最重视“别人对自己的期待”、“自己身处的现状和应该如何正确表达自己的情绪”，正因如此，外向型性格的人往往自视清高，觉得自己无所不能，因此容易排斥那些不如自己，或者自己不喜欢的人，常常又会因此给自己带来麻烦。

5岁的小君在幼儿园经常拉帮结派，排斥自己不喜欢的小朋友。为此，她的妈妈很苦恼。担心她这么小就懂得排斥同伴会影响其健康成长。为此，心理咨询中心李主任给出了解答：“小朋友排斥同伴，这与先天个体差异性有关系。据了解，相比于内向的孩子，性格外向的孩子更爱把焦点放在他人的身上。”通常排斥、拉帮结派的小朋友都是外向的孩子。外向的孩子善于和别人交往，但同时功利性也较强。

对于外向型性格的孩子所表现出来的攻击性，家长应当给予重视。当孩子表现出不该有的情绪，或者过于攻击性的行为时，家长要及时加以正确引导，告诉孩子应当与其他小朋友和谐相处，而不是想着拉帮结派，恃强凌弱，防止孩子养成过于强势、盛气凌人的性格。

外向型的长处是能迅速地作出判断，但其判断往往只限于善恶、正邪、敌我、有用无用等极端化的判断，对于居于其中的情况则一般较少顾及。其实，在与人的关系方面，除了赞成派和反对派之外，还有中间派。人不仅有有用、无用之分，由于使用方法和工作内容的不同，也会产生或有用或无用的人。对待生活，也不应采取孤注一掷或碰运气的简单化、极端化的方法。

明明是个很外向的孩子，而鹏鹏则过于内向，在学校的时候，每当明明遇到不高兴的时候，他总是冲着鹏鹏大喊大叫，因为鹏鹏不懂得反抗，又表现得很软弱，总让明明觉得自己很了不起，于是他就变本加厉地欺负鹏鹏。开始时只是对鹏鹏进行语言上的攻击，可是久而久之，就变成了身体上的攻击，有时甚至是拳打脚踢，尤其是在他受到老师或者父母的批评或者教训时，鹏鹏就是他无声的出气筒，难道内向的人就应当无偿的提供出气筒的服务吗，难道外向的人就有理由将别人当成自己的出气筒吗？

其实，谁也不是谁的出气筒。只是外向的人由于在性格上具有优势，能够比一般人更好地适应周围的人和事，都会感觉到优越感，虽说没有什么大问题，但是长此以往，不免会对孩子的成长产生负面的影响，所以父母应对此多加关注，学会帮助孩子去除外向型性格中的不利因素，更多地保留正确的积极的成分。

为了帮助孩子合理扬长避短，首先家长应教会孩子学会分享。只有懂得分享，孩子才会萌生友谊，才会懂得与其他人和谐相处，而不是让自己处于性格的制高点上，对弱势群体加以欺凌。

其次，家长应让孩子尽可能多地参与集体活动。在集体活动中，会激发孩子的团队意识，让他们学会互帮互助。同时，外向型的孩子更容易在集体活动中发挥领导作用，这会促使他们产生强烈的责任感，学会帮助团队中的弱势群体，学会立足全局，统筹考虑，这对孩子以后的发展至关重要。

最后，家长教育孩子学会谦虚。由于外向型的孩子大多敢想敢干，因此多数会在同龄人中显得出类拔萃，也会收获更多的荣誉，为了避免孩子骄傲，家长要从小教会孩子谦虚，让他们懂得控制自己的情绪，当自己享受胜利的成果时，要记得照顾周围人的情绪，不要只会一味地炫耀，将自己的快乐建立在别人的痛苦之上。

第七章

塑造正确三观：善恶美丑自在孩子的“血液”中

“我爸是李刚”“钱就是上帝”“道德值几毛钱”……如果你不想让自己的孩子变成这样的熊孩子，那就一定要重视其正确“三观”的培养。

分辨善恶是最基本的生存能力

美国社会心理学家哈罗德·西格尔有一个著名的研究：当一个问题对某人来说很重要时，如果他在这个问题上能使一个“反对者”改变意见而和自己保持一致，那么他宁愿要那个“反对者”，而不会要一个“同意者”。这在心理学上被称为“改宗效应”。它启示我们没有是非观念的人，会给人一种没有能力的感觉，因而容易被人瞧不起；而敢于直言是非的人，会有一种感染力，因而最终多半能得到人们的喜爱。

从孩子呱呱坠地那天起，他便是一个独立的人。当孩子犯了错误，做了错事，家长应当鼓励孩子勇敢地承认错误，并且告诉他们何为正确的做法，从而逐步引导孩子向善，而不应当放任自流，让他们失去了正确的判断。

园园是个特别爱美的小姑娘。一天，妈妈刚给她买了一个漂亮的发夹，她就戴着发夹和妈妈一起到楼下花园玩，花园里的叔叔阿姨和小朋友们真多啊。叔叔阿姨见到她都夸她的发夹好看，听到叔叔阿姨的夸奖，园园高兴地笑了。就在这时，花园里其他的小女孩都围了过去：“园园，你的发夹在哪里买的呀？我也想让我妈妈给我买一个。”“对呀对啊……”看着孩子们说得不亦乐乎，妈妈就和邻居聊起了天。

没过了一会儿，就传来了园园的哭声，妈妈赶紧走过去看。只见园园手里握着断了的发夹使劲地哭，而心怡则呆呆地站在另一边。孩子们纷纷告诉园园的妈妈：“阿姨，是心怡弄坏的，是心怡。”心怡显得十分紧张，她望了望自己的妈妈，闪烁其词道：“不是我弄断的……”“就是你！就是你！”孩子们异口同声地反驳道。

看到心怡矢口否认，她的妈妈也走了过来，只听她温柔地声音响了起来：“心怡，到底是不是你弄断的啊，如果是你弄断的，就要勇敢的承认，然后赔给园园一个新的发夹，但是不能撒谎，因为如果你不敢承认错误，就不是好孩子，小朋友们就不想跟你玩了哦。”听到妈妈这么说，心怡觉得很不好意思，她低下头说：“妈妈，是我弄断的，我愿意赔给她，咱们买两个，我一个她一个。”

如今的孩子，大多都是独生子女，从小就受到万千疼爱，很多时候即使明明知道是孩子做错了，家长也会想法设法地安慰孩子，帮他们找借口。比如，孩子不小心撞在椅子上，把自己的腿碰疼了，放声大哭，这时家长经常会说：“椅子真坏，把我家的宝贝碰疼了，打它！”家长毫无意识地就将责任推到椅子身上，看似没有什么问题，但是却会使孩子产生错觉，觉得就是椅子的错误，而不是自己不小心，所以会使孩子犯了错误就把责任推给别人，丧失承担责任的勇气，更严重的是，会使孩子失去最基本的分辨是非善恶的能力，变得更加肆无忌惮。

曾经有段学生侮辱年迈老师的视频在网上疯狂流传。这段视频持续了几分钟，视频中，班里二十多名学生在不停地嬉笑打闹，根本就不顾年迈的老师正在讲课。后来，一个戴着耳钉的学生突然冲上讲台，不由分说地将老师的帽子摘下，还掺杂着对老师的辱骂声。老师无奈地看了看学生，继续讲课。后来这名学生就回到了自己的座位上，但是又从他的嘴里传出来一句辱骂声。这时，坐在后排的男生拿起一个矿泉水瓶子，毫不犹豫地砸向了黑板……

为什么这么明显的恶劣行径，在孩子的眼中却是那么无足轻重，甚至当作是一种娱乐的方式。我们不得不承认，在现今社会中，越来越多的孩子变得是非善恶不分，将错误的事情当作正确的，心中丧失了最基本的价值观念，而这种现象的危害性很大，必须加以改正。教育学家说：“孩子都是好孩子，关键在于家长如何引导他。没有不称职的孩子，只有不称职的父母。”所以从某种意义上说，如果父母没有培养出一个忠厚正直的孩子，是父母在教育上的最大失败之一。

所以，父母必须从小培养孩子分辨善恶的能力，让孩子树立正确的价值观念，不以错误、低俗的行为为荣，而是应当不断地向孩子们灌输积极健康的正能量，让孩子知道什么才是真正的善良，什么才是真正的善事。只有这样，才不会让孩子陷入失落的泥潭，在错误的道路上越走越远。

从学校方面来说，要加强对孩子的思想品德教育，就像每个班级的前面都会张贴着学生守则，上面写着“关心他人”、“和睦相处”、“助人为乐”“分别善恶”等，通过这样潜移默化的方式，让孩子逐渐提高分别善恶的能力，知道什么事情是好的，什么事情是错的，从而不断地构建自己的道德大厦，为自己好品行添砖加瓦。

极端性格大多源自畸形三观

性格极端是指人的性格比较偏激，通常表现为偏执、固执。性格极端的人常常以自我为中心，主观臆断较强化，很难听取他人意见，暴躁易怒，有社交障碍，孤独自闭，行为举事往往不计后果，属轻度精神问题。

心理学家分析，暴力事件的制造者多数性格偏执，一旦激活“心魔”，就会戕害社会，而纵观当今社会，我们也不难发现孩子中的极端性格愈发凸显，严重威胁着孩子的身心健康和社会良好发展。下面我们将对暴力、抑郁、自虐三种极端性格进行分析。

小军在单亲家庭长大，一直以来都是和爸爸相依为命，由于他爸爸性格暴躁，经常喝得酩酊大醉，醉后就会对他拳打脚踢，最终小军变得郁郁寡欢，更有些愤世嫉俗。后来他无意中看到暴力视频，并对此逐渐沉迷，于是变得更加孤僻。有一次，爸爸又喝得醉醺醺的回来，看到他就动起了手，起初小军只是默默忍受，后来便怒火中烧，突然跑到厨房拿起菜刀就向爸爸砍去……

是什么导致了这场惨剧，谁又该为这件事情负责？父亲的长期不闻不问和家庭暴力虐待，最终使得小军拿起了手中的武器，可以说这场事件的罪魁祸首就是家庭教育的缺失。没有父母的教导，没有亲情的呵护，没有温暖的友谊，最终使得小军变得孤僻，而且暴力视频的耳濡目染让他产生了畸形的三观，最终走上了不归路。所以，我们要时刻关注孩子的反常行为，因势利导，帮助孩子克服心魔，树立健康积极的价值观。

孩子的自虐行为是一种长期不被理解、不被信任的心理压抑和心理上自我防御机制的消极的保护性反应，也是负性情绪的发泄。孩子自虐的行为，父母一定不能小视，否则，孩子自残的频率就会越来越高，自残的方式越来越严重，伤害孩子身体的同时，也会增加孩子内心的痛苦，严重影响孩子的正常生活。

小丽小时候经历过火灾，身体上留下了难看的疤痕，所以当夏天来临，看着其他的小女孩穿着漂亮的裙子的时候，小丽就会又羡慕又自卑。再加上父母经常吵架，每次回到家她都战战兢兢，在学校受了同学的欺负嘲笑，也不敢跟父母说，所以她就开始虐待自己，在自己的伤疤的地方刻下一道道的新伤疤，似乎只有这样才能让她忽略身体的缺陷，可是这却是一个恶性循环，因此她陷入极度的痛苦之中。

我们必须强调，作为父母应该多关心、关注孩子，如果发现孩子有伤害自己的倾向，尽早予以引导，找出孩子自虐的原因，以合理方式解决，以帮助孩子快速恢复正常的生活，让孩子身心健康地成长。

随着生活节奏的加快，现代人承受的压力越来越大，抑郁症也成了人们多发的精神疾病。抑郁症的主要表现是情绪低落、思维迟缓、不爱说话、动作迟缓等，严重者还会有自杀的念头。父母不要认为只有成年人才会得抑郁症，那些情感脆弱的孩子其实更容易受到抑郁症的折磨。抑郁症有很大的危害，会导致孩子的记忆力下降、思维迟缓、表情呆滞、孤僻、没有活力，甚至有的孩子还会出现轻生的念头。父母在平时一定要留心孩子的情感变化，一旦孩子出现了抑郁症倾向，一定要及时地进行疏导，否则将会造成非常严重的后果。

小刚是一名初中二年级的学生。以前他是一个活泼开朗的男孩，可是自从上初中以后，或许是因为学习压力忽然变大了，让他有些不知所措，虽然他仍旧努力地学习，可是学习成绩总是不理想，因此爸爸妈妈经常责骂他，有的时候爸爸还会动手打他。因为他们觉得小刚就是没有好好学习，所以暑假，当别的同学都和父母出去玩的时候，小刚就被爸爸妈妈锁在家里，在书山题海中埋头努力。当别的同学找他一起玩的时候，小刚的爸妈就不让他们跟小刚见面。

开始的时候小刚也试图与父母沟通，可是他们根本不听他的任何解释，只是一味地要求小刚学习、学习、再学习。小刚无法排解自己内心的抑郁，因此逐渐失去了活泼开朗的笑容，变得怏怏不乐，再加上同学们也因为他父母的原因而对他刻意躲避，这让他很不好受，一段时间过后，小刚彻底失去了自信，最终他选择了自杀……

如果小刚的父母能够留心孩子的情绪变化，如果他们能够听听孩子的心声，如果他们能够及时地帮助小刚，那么，悲剧也许就不会发生了。然而，对于已经酿成的悲剧，再多的如果也无济于事。我们能做的就是吸取教训，不要做对孩子无动于衷的父母，不要对孩子的情绪置之不理，不要让孩子失去生活的信心。所以父母一定要和孩子建立良好的关系，要学着做他们的朋友，学会和他们谈心，了解他们内心深处真正的想法，这样不仅有利于家庭的和睦，更有利于孩子的身心健康发展。

赋予孩子正确的价值观

培养孩子正确的价值观，对于孩子日后成人成才、报效国家至关重要。由于孩子正处于身心健康发展的重要时期，正确的价值观对于孩子今后发展的重要性便不言而喻了，下面我们将着重讨论如何帮助孩子树立正确的价值观。

现实生活中经常会看到这样场景：有的孩子明显缺乏自信，总以为生活中的一切快乐都是留给那些受老师欢迎、讨家长喜欢的孩子的，总以为自己在各个方面都不够优秀，别的孩子拥有的长处是自己怎样也学不会的，也有的孩子虽然只有四五岁，但是却流露出这个年龄段孩子不应当有的悲伤，他们害怕生人，害怕交流，害怕做错事。在幼儿园里，热闹的地方找不到他的身影；在家里，也很少与父母讲话，总喜欢一个人待在自己的小房间里。这类孩子长大后极有可能对这个世界变得悲观失望，甚至患上精神方面的疾病。相反，乐观的孩子活泼可爱、思维活跃，将来可成为事业上的成功者，幸福家庭的组织者。

所以，父母一定要帮助孩子树立正确的价值观：自信

自信是孩子产生人生兴趣的基础，只有对自己有了自信，他们才能够更好地面对这个世界，不会因为些许的变动就否认自己，讨厌自己，只有对自己有了自信，他们才会勇敢地与人交流，而不是躲在角落里哭鼻子。为了培养孩子的自信，父母可以帮助孩子培养自己的兴趣爱好，

比如唱歌、跳舞、画画、弹琴等，独特的兴趣能够帮助孩子树立良好的自信，从而更加积极乐观地面对生活中的改变。

小明是个很悲观的孩子，不论什么事，他都会想出最坏的结果，然后自己就因此而忧伤起来。有一次，小明养了一只宠物小兔，突然有一天兔笼子就被打开了，小明看到后，立马就伤心地哭了。妈妈看到后问他发生了什么，他说：“我的小兔子死了。”妈妈就很奇怪，怎么死了呢，小明说：“兔笼子被打开了，它一定是死了。”妈妈听后就笑了，说：“小兔子不是生病了吗，爸爸带它去看医生了。”然后小明哭得更厉害了：“小兔子生病了，一定是活不了了……”

所以，父母一定要帮助孩子树立正确的价值观：乐观

一个孩子能否健康、快乐，心智是一个很重要的因素。而对于多数孩子来说，乐观性格更是决定他们人生成败的关键。在这方面，很多教育专家、心理学家都认为，一个人对人生和社会的个性观念并不是先天的，而是从其自身的成长经历和体验中逐步塑造形成的，所以作为孩子最亲近的人，家长不仅有必要、更有责任帮助他们培养积极乐观的人生态度。而在孩子的成长阶段，更是培养他们乐观积极人生态度的关键时期，因此，家长应该把握好这个阶段，让孩子从小养成积极乐观的性格，这样才能为其日后拥有健康快乐的人生打好基础。

由于生活水平的不断提高，现今的父母都把孩子当成手心里的宝，舍不得骂，舍不得打，更舍不得让孩子做家务，所以不管自己多累，都要把家务全部包揽在身上。如果孩子吃饭时把桌子上的碗碰翻了，妈妈就怪自己没放好；如果孩子第二天要去上学，妈妈就替孩子整理书包，即使孩子大了，也舍不得让孩子自己去上学……也许很多父母认为这很正常，但从教育孩子的角度来说，父母这是在剥夺孩子的责任感，让孩子逐渐丧失责任意识，逐渐走向冷漠。一位西方儿童心理学家针对这一

现象，曾经大发感慨：“我不能理解父母们为什么要教育他们的孩子推卸责任。一个不懂得承担责任的人是不会有任何出息的！”

所以，父母一定要帮助孩子树立正确的价值观：责任

所谓责任感，是指个人对自己和他人、对家庭和集体、对国家和社会所负责任的认识、情感和信念，以及与之相应的遵守规范、承担责任和履行义务的自觉态度。通俗地说，就是责任意识和负责精神，就是做好自己份内的事，对自己所承担的事情尽心尽力，认真负责地完成。当自己承担的任务出现问题的时候要勇于承担责任，不推诿。帮助孩子树立责任感，有助于孩子积极承担责任，养成勇于担当的品格，在面临问题的时候，不躲避，不推卸，能够勇敢地面对，从而更好地适应未来的社会，成为有用的人。

当然人生中有很多正确的价值观需要孩子学习，所以父母应当时刻注意，在遇到不同的事情时，可以从中教给孩子不同的道理，帮助孩子在各种各样的事情中学会学习，一点一滴地积累正确的价值观，为塑造自己的良好品格而不断努力。

塑造人生观：让孩子走出自己的轨迹

什么是主见？主见就是可以做自己的世界里的主角。现在很多父母都喜欢以爱孩子的名义，帮孩子做决定，孩子俨然成了自我人生舞台中无关紧要的人，又怎么谈得上主见呢？所以，聪明的父母，就要懂得适当退出孩子的生活，做一个配角，让孩子走出自己的人生轨迹。

但是实际生活中，很多孩子经常是连吃什么、穿什么都要询问父母的意见，自己没有任何想法，至于玩什么、怎么玩，都要父母来做主，甚至有的孩子已经上了学，学校组织一个很小的活动，都要回来问问父

母自己能不能参加……

孩子本来是一个独立的个体，是什么原因导致他们变成了没有主见的“小应声虫”呢？从主观方面来讲，孩子由于年龄小，对父母有很强的依赖性，所以做事时常常表现出盲从的一面。从客观方面来讲，父母很容易将自己当成孩子的权威，习惯于替孩子包办一切，再加上有些父母比较专制，根本不允许孩子有自己的想法，这就导致孩子产生畏惧和服从的心理，对父母的决定惟命是从。

小美就是这样的一个孩子，她都已经上初中了，可是还是做什么事情都要问问父母的意见，比如问妈妈“我今天穿什么衣服去上学啊”，“有个同学要跟我一起玩儿，我要不要同意呢”，她也会问爸爸“今天的书包有点沉，我要不要少拿点东西啊”“我过生日的时候应该邀请那些同学过来啊”等等，一点儿都没有自己的想法。刚开始父母还挺满意，觉得孩子挺听话，可是时间久了，父母就觉得这样做不是很好，于是鼓励小美自己做决定，但是小美根本不会，爸爸妈妈要是不给她意见，她居然还会哭闹，小美的爸妈对此很头疼。

孩子缺乏主见是因为习惯服从父母的决定，所以父母应该多创造机会，让孩子自己做主。比如今天穿什么衣服，怎样布置自己的房间等等。当然当孩子逐渐长大以后，父母应当让孩子参与到家庭事务中来，比如该买什么样的家具了，让孩子做个参考，还有家庭支出怎样更加合理，也可以让孩子提供意见，如果孩子所说的可行，父母就可以采纳孩子的建议。这样一来，孩子就会积极主动地去思考，就会有信心试着自己做决定，以后在面对问题时就会更加从容。还有就是平时看电视的时候，父母也可以多和孩子探讨，经常问孩子：“如果这件事情发生在你身上，你会怎样做？”父母这样有意识地引导孩子去思索问题，久而久之，孩子就会慢慢养成一个良好的思维习惯，成为一个真正有主见的人。

现实生活中，有一种“橡皮擦妈妈”，她们总会跟在孩子身边，陪他们做功课，帮他们解决问题。比如说，在孩子刚刚学写字的时候，孩子每写一个字，妈妈就擦一个字，孩子边写边哭，而妈妈则是边骂边擦。也许，这些“橡皮擦妈妈”只是为了“爱”孩子，但是她们却不知道自己是在逐步扼杀孩子的学习兴趣，自己出于关爱的行为反而成为了孩子人生路上的障碍。

我们必须明确一点，那就是孩子在接受教育的过程中，他们的独立意识会随着时间而觉醒，自然而然就会产生想离开父母去外面的世界闯荡一番的念头，但这时候，父母往往舍不得孩子离开，怕孩子在外受委屈，不能自己照顾好自己，所以他们会强迫孩子躲在自己的庇护下，替他们遮风挡雨。因此，一些独立性较差的孩子就无法摆脱对父母的依赖，以至于有的孩子都参加工作了，还会让父母代劳做一些本该自己来处理的事情。

事实证明，如果一个人的选择空间非常有限，那么他的思维就会局限在一定范围之内，他的想象力和创新力也会因此而受到局限。也就是说，如果不能随心所欲地在众多的选择中选择自己最想要的，一个人将很难进行创造性的学习、生活和工作。

但是很多父母在教育孩子的过程中就犯了类似的错误。他们总是将孩子未来的方向固定在几个方面，总是按照自己的想法为孩子选择未来的道路，使得孩子无法进行更符合自我意愿的选择，因此他们在被迫接受的过程中很难有所建树。

所以，如果父母能认识到自己在孩子的生活中所充当的错误角色，能够认识到自己在某方面某种程度上阻止了孩子的前进步伐，他们就会试着放手，试着让孩子做自己生活的主宰。因为只有孩子真正开始自己做主，他才能够学会对自己负责，才能走出适合自己的最好的轨迹。

走出去，培养孩子的宏大世界观

经常会听到人们说，现在的小孩，一个比一个吝啬，比如你刚给了他一个东西，想要回来就很困难，那么是什么原因让那么小的孩子就有了“我的”的意识，是什么让孩子变得这么“吝啬”？而且我们可以发现，如果放任孩子自己发展，即使没有人教他那些不好的习惯，他也会学会，因此我们才要越发重视培养孩子一种宏大的世界观。在当今的大环境下，为了帮助孩子树立宏大的世界观，我们不妨从以下几个方面努力：

（1）增加孩子可自由支配时间。

现在孩子面临着诸多挑战，比如升学压力大，课业负担重，各种辅导班更是占据了大部分的课余时间。作为一种社会现象，这并非一朝一夕就可以改变的，但是作为家长首要先转变观念，尽最大努力安排好孩子的生活与学习。只有孩子自由支配的时间增多了，才有可能快乐地行走。

乐乐今年上初三，虽然即将面临中考，但是乐乐的父母并没有让孩子一头扎在书山题海中，而是过段时间就会带他儿出去旅游，去见见名山大川，去看看亭台楼阁，去感受古代文化与智慧的熏陶，从而使乐乐的见闻有了很大提高。用乐乐的话说就是，通过跟着父母去旅游，他有了更多时间去思考，从名胜古迹、文化遗址中，他对课本中的一些知识有了更深刻的见解，这对于他的学习起到了很大的作用。

所以，父母不应当一味地强迫孩子去做自己不喜欢的事，也不应当让他们被繁重的学业束缚住，相反，应当给予他们更大的空间，让他们有机会接触外面的世界，从而获得更加开阔的视野，拥有更宽广的胸怀。

（2）创造良好的人际关系。

交际能力在人的一生中起着极为重要的作用，一个儿时善交际、懂交际的孩子在其长大成人后，势必是一个受人欢迎、有出息的孩子；相反，一个儿时不善交际的孩子，对其今后的发展也同样会产生不利的后果。所以，注重培养孩子的交际能力，就是在帮他们拓展自己的交际圈，帮助他们获得更广阔的平台。

但是现如今，很多孩子并不擅长交际，甚至害怕交际，有的到了成年，还视交际如险滩，迟迟不敢把脚步迈出去。曾听到一家长抱怨说："我的儿子平时在家的时候，做什么事情都很利索，也不会害羞，可是一见到陌生人，就乱了方寸，感到无所适从。还有就是平时见到熟人，他也不主动跟人家打招呼，而是老是躲着走。在学校，他就更加不行了。上课时，他不敢举手发言，即使老师点到他的名，他也会马上脸红，变得结巴。下课的时候，他从来不会主动与同学说话，也不参与同学们的游戏和活动，就自己一声不吭地待在座位上。不仅如此，儿子的脸皮很薄，老师就批评了他几次，他就不想上学了，学习成绩也越来越差。这件事我跟他也沟通过几次，但是都没有效果，现在我真不知该如何教育才好。"

事实上，一个交际能力好的孩子有机会接触更多的人，也更有可能进入一个更广的圈子。所以父母应当帮助孩子摆脱内向、害羞，帮助孩子勇敢地跟别人交流，从而让孩子有机会接触更多的人和事，为以后的发展提供更大的空间。

（3）鼓励孩子多进行传统纸质阅读。

随着网络阅读、手机阅读等方式迅速走进青少年的生活，强烈冲击着传统纸质阅读模式。实际上，新媒介阅读更多的是消遣性的，更适合聊天式阅读，不容易形成深度系统的知识体系。但是，纸质书籍不一样，它可以让人去思索和重新创造。

天天本来是个很顽皮的孩子，每天爬上爬下，好像有多动症似的，父母对此感到很苦恼。一个偶然的机会，天天的姑姑送给他一本《十万个为什么》，本来以为他不会感兴趣，可是没有想到，自从有了这本书以后，天天再也不出去乱跑了，反而一个人安安静静地坐在房间里看书。一段时间之后，他便会对电视中或者爸妈的谈话中的一些事情提出自己的问题，并且发表自己的看法，认识他的人都说他长大了。

阅读的力量真的很强大，有的时候或许不会立竿见影，但是坚持下去，人总会发生改变。腹有诗书气自华，当一个人的阅读量不断提高，他的见识也会跟着增长，他的视野也会因此而变得更广阔，所以父母应当让孩子沉下心来，安静地享受读书带来的愉悦。俗话说，读书百遍，其义自见，孩子只有多读书，才能够接触更多的思想和观念，在书中，可以体会到更多的人情世故，可以领略到更多的哲理，从而帮助孩子形成自己独特的思想观念和价值体系，培养孩子独立思考的能力。

别让“拜金”腐蚀你的孩子

随着越来越多的家庭步入小康水平，孩子对物质的追求也越来越大，孩子拜金主义成为社会上一个热议的话题。一位教育学家曾经评论道：“当代中国的孩子，是在一个越来越富裕的时代中成长起来的，我们不敢想象这些物质期望很多的人，将会给经济造成什么样的影响。”虽然我们不愿意承认，但是现实却是越来越多的孩子正在遭遇“拜金主义”危机。

林静是个文静的小女孩，本来她对别人的东西并不感兴趣，可是看到越来越多的同学买来奢侈品，买来各种各样漂亮的书包、衣服、小饰品，看着自己洗得发白的衣服和毫无修饰的头发，她的心里很不是滋味。

回到家以后她就要求妈妈给她买一个新发卡，但是因为太贵了，妈妈不同意，于是林静竟然想起了偷妈妈的钱，最终买了发卡，还告诉同学是别人送的，看到别人羡慕的目光，林静得意极了。

其实孩子出现拜金主义的现象和他所处的环境和周围的人际关系分不开，正是由于林静身边的同学一个个比较着，炫耀着，才使得林静最终无法平静地面对自己当前的状态，从而导致了她的错误。所以当孩子的拜金心理开始滋生时，家长要及时和孩子沟通，跟孩子说清楚其中的弊端，帮助孩子了解过度看重金钱的危害，帮助孩子树立正确的价值观，避免孩子走向更深的深渊。

现在也有很多父母，喜欢将孩子的行为与物质奖励联系起来，比如儿子懒于帮助做家务活，父母就试着拿奖金作为奖励，希望用这种方法调动孩子的积极性。一两次还灵验，可往后麻烦就来了，因为不给奖赏孩子根本就不会想着去干活，而且给少了还不愿意。所以当孩子参与了越来越多的奖励行为之后，他们的主动性就会变差，在以后的选择中，也会产生不劳而获的想法，从而使得他们越来越“懒惰”，有时候甚至为了得到奖励而“不择手段”，为了赢得所谓的奖励而选择隐瞒、欺骗、作假的方式来迷惑父母，而这些都是我们所不愿意看到的。

我们可以看到孩子的“拜金”行为，一方面是受周围环境的影响，而另一方面则是来自父母的“误导”。父母也许只是无心之举，本想通过物质奖励激发孩子的积极性，没想到反而令孩子走进误区，更加注重物质的价值，而忽略了事物本身的价值和意义。所以父母必须对自己的言行负责，不论是在待人接物上，还是对孩子的教育上，都应当谨慎，做出决定之前学会斟酌，不让孩子产生错误的理解，即使有错误的理解，父母也当及时给孩子提出建议和指导，帮助孩子走上正途。

心理学家雷珀做过这样一个实验：他挑出一些喜欢绘画的孩子分

成两组，一组许诺“画得好就给奖赏”，另一组只告知“想看看你们的画”。结果三个星期后，前组的孩子们大多不情愿主动去绘画，兴趣明显地降低了。而后组的孩子们却一如既往地积极绘画。心理学家告诫我们，奖赏固然可以强化某种良性行为，但它又会使人过度注目与奖励本身，而对被奖行为失去兴趣。尤其是当孩子还小的时候，他们还没有形成一个稳定正确的人生观和价值观，没有辨别是非的能力。用奖赏作为激励手段，不仅容易使孩子的行为变得只以获得奖赏为目的，从而阻碍了孩子潜能的发展；而且通过奖赏激发起来的行为只是暂时的，不利于长久发展。

虽然说当孩子做出某种良好行为或者取得某项成绩时，家长应当及时给予肯定和鼓励。但是，奖励孩子必须掌握正确的方法，应多以精神上的鼓励为主，在合适的时机对孩子做出肯定，同时父母应当给孩子多讲一些正面积极的模范人物的事迹，让孩子学会树立自己的榜样和目标，帮助孩子构建自己的美好理想。

第八章
逆商与抗挫力：教孩子如何面对不幸的事

谁的人生也不是一片坦途，既然遇到挫折在所难免，那么身为父母，我们能做的也只有告诉孩子如何面对那些困境、挫折以及不公平、不幸的事。

小测试：你的孩子抗挫能力怎么样

在孩子的成长过程中，会经历很多个“第一次”，比如第一次翻身，第一次叫妈妈……凡此种种都会令父母十分高兴，但是有一种第一次我们却希望它晚些到来，那就是孩子第一次遭遇失败和挫折。虽然童年很快乐，但就像学走路时会摔跤一样，挫折也总有一天会到来。在各种挫折面前，家长该如何帮助孩子勇敢面对挫折，顺利解决问题，俨然成了一个十分重要的问题。

抗挫力也叫逆商，它是指人们面对逆境时的反应方式，也指面对挫折、摆脱困境和超越困难的能力。面对生活中纷繁复杂的未知挑战，你的孩子抗挫能力足以应对了吗？

某中学刚刚召开了家长会，但是当天下午，该校初三年级的四名女生却集体自杀了。虽然这四名女生被发现后迅速送往医院抢救，但是其中还是有两名女生因抢救无效而死亡。我们不禁要问，这四名花季少女为什么要走上这条不归路呢？经调查发现，这四名女生在不久前刚刚进行了一次阶段测验，由于她们的成绩都不怎么理想，都排在班级倒数几名，在这次家长会上被老师点名批评。老师希望家长能对孩子的学习予以重视，能对老师的工作给予配合。这四名女生非常害怕回家以后父母会对自己进行“严加管教”，所以她们一致决定服用老鼠药结束自己的生命。

我们都知道，每一个孩子在学习和生活中都会产生挫折感，只是所感受的程度不同罢了，因此有些孩子很快就能调整好自己的状态，但有的孩子却会因此一蹶不振。就像例子中的四名女生，考试不好的人有很多，受到老师批评的人也很多，可是为什么别人选择一笑置之，或者加倍努力，而她们却选择结束自己的生命，其实这跟她们自身的抗挫能力有很大关系。正是因为没有经历过太大的挫折，没有面对过太大的失败，才会因为一次没有考好，受到老师的批评而感到万念俱灰。因此，我们必须帮助孩子学会勇敢地面对生活中的挫折，能够积极乐观地面对生活。

为了帮助孩子树立乐观自信的心态，远离脆弱与忧伤，父母可以尝试着从下面五个方面，培养孩子的耐挫力。

第一步，给予孩子适时适当鼓励。

在孩子的成长过程中，鼓励是必不可少的。相信父母都有这样的经历，当孩子做了一件好事的时候，如果父母能够及时对他们进行表扬，孩子就会更加愿意去尝试，愿意继续坚持下去。所以当孩子面临挫折时，父母要鼓励孩子拿出信心和勇气，勇往直前。当孩子取得一定成绩时，要及时加以肯定，让孩子看到一份耕耘一份收获，从而更有信心地去面对新的困难。

第二步，对孩子进行有益的心理疏导。

当孩子遇到挫折之后，情绪上往往会有很大的变化，如果家长能够细心观察，一定能够感受得到。所以这时候如果能对孩子进行及时疏导，帮助孩子分析遭受挫折的原因，找出失败的症结，就能够有效避免孩子的情绪严重受挫。家长要让孩子明白，从哪里跌倒就要从哪里爬起来，并且要时刻以乐观积极向上的人生态度去影响和感染孩子，丰富他们的生活经验，教会他们客观地看待生活中的事物。

第三步，对孩子进行启发与激励。

由于孩子的身心发展还不完善，所以他们有时会拒绝尝试新的事物，但是如果父母能够有启发性地询问孩子自己的想法和看法，允许孩子在尝试的过程中犯错误和改正错误，即便孩子在尝试中失败了，他们也会觉得有所收获，从而当新的挑战来临时，他们才能够有勇气再次尝试。只有在一次次的探索与实践中，孩子们才能够愈挫愈勇。

第四步，教会孩子学会扬长避短。

每个孩子都有自己擅长和不擅长的地方，当孩子在自己不擅长的领域遭受失败的时候，比如画画怎么画也画不好，父母不妨告诉孩子去尝试一些别的项目，比如说唱歌，跳舞，也许孩子能从中发现自己的特长，从而获得更多的自信。

第五步，营造良好的交往环境。

都说父母是孩子最好的老师，所以父母首先要给孩子树立正确的榜样，让孩子可以从自己的身上学会如何处理生活中的困难，通过潜移默化的方式，让孩子受到感染。在和其他小朋友的交往中，孩子可以学会如何与同伴友好相处和合作，从而提高自己解决问题的能力。同时，通过同伴之间的相互交流和指导也能够帮助孩子更好地克服困难、解决问题，从而更好地认识他人和自己，克服以自我为中心的缺点。这些都有利于孩子耐挫力的培养。

告诉孩子如何面对“不如意”

作为父母，都想为孩子遮风挡雨，但是溺爱会让孩子成为无法经受风吹雨打的温室之花，不但不利于孩子的成长，而且有可能因此影响孩子的一生。所以，当困难降临在孩子面前，父母不要急着帮助孩子解决，而是应试着给孩子承受和战斗的空间。只有孩子真正解决过困难，他们才会变得更加坚韧、果断和睿智，所以在孩子的成长之路上，父母一定要教会孩子如何面对生活中的“不如意”。

一个寻常的日子，一名16岁的男孩从十楼纵身一跃结束了自己的生命。据小区的保安说，事情发生在早上六点多，当时很多居民都是刚刚起床。他在巡逻的时候得知了情况，然后迅速报了警，等到急救车和警察赶到后，男孩已经死亡了。据知情人士透露说，这名死去的男孩正在读初三，学习成绩也不错，没有人知道他为什么会自杀，后来人们整理屋子的时候，发现了小男孩留下的遗书，他在遗书中写到，自己的学习压力太大了，有时候甚至觉得喘不过气，因此他选择了用死亡解脱。

由于孩子年龄还小，并没有经历过太多的挫折，所以在成人眼中看似很小的一次考试，在孩子眼中也许就是人生中的大事，而一次考试失利，就会使孩子觉得人生失去了希望。所以父母必须关注孩子的心理，告诉孩子如何面对生活中的失意。

为了帮助孩子更好地面对生活中的“不如意”，父母必须首先培养孩子的意志力，意志力有助于孩子从容地面对外界的各种诱惑，有助于孩子勇敢地面对前进途中的各种挫折，有助于孩子更清醒地认识到事物的利弊，从而使得孩子朝着自己的终极目标不断地努力。意志力强的孩子，不论做什么事，都显得更加理智，他们能够对问题进行深思熟虑，从而衡量出事情的轻重缓急，因此，当他们面对一些复杂困难的问题时，往往能做到应对自如，也正因为如此，他们更容易进入成功的大门。

所以，父母们如果希望自己的孩子能够在人生之路上勇往直前，越走越远，就必须要重视培养孩子的意志力，这不仅是在为孩子塑造良好的性格，而且是在帮助孩子抵抗未来的各种诱惑。更重要的一点是，具有坚强意志力的孩子往往是自信心很强的孩子，他们相信自己能够克服困难，在这种心理暗示下，他们也真的能够克服困难。

一个小男孩头戴球帽，手拿球棒与棒球，准备齐全之后他就来到院子里。“我是世上最伟大的击球手。”他似乎很自信，一使劲儿棒球就飞到了空中，小男孩瞅准时机，用力一挥，没想到他手中的球棒错过了棒球。但是他并没有气馁，整理了一下自己的衣服，对自己轻轻说了句：“没关系的，你能行！”于是又一次将球抛起，嘴里喊着：“我是世界上最伟大的击球手。”没想到他的球棒还是打空了。小男孩一下子呆住了，接下来的时间里，他没有急于挥动手中的球棒，而是仔细地对球棒与棒球进行了一番检查，然后慎重地把球扔到空中，口中依旧喊着：“我是世上最伟大的击球手。”可是，他第三次的尝试依然以失败告终。

最终小男孩也没有击中棒球，但是他却一次又一次地尝试，不断给自己打气、加油，使自己信心十足。当然这一切都被他的爸爸看在眼里，如果你是小男孩的爸爸，你会怎么做呢?

当看到孩子一次次的失败，又一次次地鼓起勇气，他的爸爸终于忍不住走了过去，轻轻拍着男孩的头说：“孩子，你感觉怎么样？”男孩说：“爸爸，我感觉我不是最好的击球手，我很难过。”这时爸爸缓缓地说：“是的，你确实不是最好的击球手，相反，你没准儿是最差的击球手呢！”听到爸爸这么说，小男孩似乎更伤心了，然后爸爸接着说：“不过，不知道你发现没有，你可是一个一流的投手呢！”小男孩歪着头想了想，他的眼睛一下子亮了，他突然从地上高高跳起：“对哦，我是一流的投手！好耶好耶！”

为了不打击孩子，不让孩子失去信心，爸爸教会小男孩从另一个角度去看问题，不可否认，小男孩在投球方面确实做得比击球要好，爸爸用另一种方法教会了孩子欣赏自己，也为我们帮助孩子面对“不如意”提供了另外一种思路。

自我激励对一个人的成长有着非常重要的意义。作为父母，应当多给孩子一些正面的激励，同时也应当教他如何进行自我激励。

因为一个懂得自我激励的孩子会将生活和学习中遭遇的挫折看轻，一个懂得自我激励的孩子往往能够及时地发现并挖掘出自身的潜力。他们的自信心以及自己给自己加油打气的行动会让他们在困难面前无所畏惧。

每个孩子的成长过程中都会遇到各种各样的挫折和不如意，没有谁的未来是一帆风顺的，总会遇到狂风暴雨和泥泞，父母也不可能一直陪在孩子的身边，帮助孩子应对他们的困难。所以，父母能做的就是教会孩子如何面对那些阴霾，教会孩子看到星光般的希望，让孩子积极地看待生活，让乐观的信念激励孩子走出困境。

别抱怨，别为难以改变的事实苦恼

抱怨就像思维的一种慢性毒药，当我们开始抱怨的时候，负面情绪就如毒药一般在我们的血液中蔓延，我们的人生态度、行动、思想意念，都被这种强烈的毒性感染。在抱怨中，我们的意志一点点地被消磨，就像可以“溃堤”的蚂蚁一样，精神之堤瞬间被生活的洪水化为乌有。我们就像陷入了抱怨的泥潭，无法自拔……终日在悲观消极的氛围中浸染，不知道如何走出抱怨的世界，给自己一个完美的世界。

当抱怨的情绪蔓延到孩子的身上，他们会变得失去动力，对什么事情都失去了兴趣，一天天的消瘦，一点点的憔悴……

青青被老师奖励了一个存钱罐，她特别高兴，迫不及待地想要和妈妈一起分享，可是当她即将进入家门口的时候，一不小心就绊了一个大跟头，存钱罐也被摔碎了，看到心爱的东西变成了碎片，青青一下子就哭了。妈妈听到哭声赶过来，看到碎了一地的存钱罐，还没有开口，青青就大喊起来：“妈妈，妈妈，我的存钱罐被我摔碎了，都是我不好，呜呜……”妈妈拉着青青往屋里走去，一边走一边说：“青青，你知道吗，你的存钱罐是坏了，但是你责怪自己也不能让它恢复原来的样子，我们也许该想想别的办法，比如我们可以试着用别的东西代替它”，青青说：“对呀，妈妈，我记得我还有个别的小罐子，跟这个存钱罐差不多，我可以用它来存钱。”说着，青青就又高兴起来了。

是的，存钱罐碎了，就没有办法再回到原来的样子，要是青青一味地因为失去了存钱罐而伤心流泪，相信她会一直难受下去。如果她因为自己摔碎了存钱罐而一直埋怨自己，相信她始终不会快乐。这时妈妈的做法就很好，她教会青青正视问题，不要选择逃避，也不要过度责怪自己，而是选择转移注意力的方法，让青青不为无法改变的事实而苦恼，最终又快乐了起来。

从前有一个农夫，一天，他的一头老骡子，不小心掉进一口枯井里，痛苦地哀嚎着。农夫赶来看了看，决定放弃救骡子，因为这头骡子年纪大了，不值得大费周章把它救出来，更何况这口井迟早还是得填起来。于是农夫请来左邻右舍帮忙将井中的骡子埋了。当这头骡子看到一铲接一铲的泥土落在身上时，他绝望地嚎叫，呻吟很凄惨。但出人意料的是，一会儿骡子就安静下来了。原来骡子忽然有了一个主意，那就是当泥土落在它背上时，它可以将泥土抖落在一旁，然后站到铲进的泥土堆上面！就这样，骡子将大家铲倒在它身上的泥土全数抖落在井底，然后再站上去。最后，这头骡子就走出了枯井。

骡子的故事告诉我们，生命的积极变化往往不是从改变外在的环境开始，而是从改变内心的自我意识开始。要培养孩子的抗逆力就要培养孩子客观的自我意识，当挫折迎面而来的时候，不要胆怯，也不要抱怨，而是发挥自己的主观能动性，看看有什么应对方法和策略，尽全力去补救和解决。当事情无法改变的时候，也不要怨天尤人，而是学会坦然接受，从容应对。

明明刚上小学，上学期刚开学时，他们班开展了“一帮一”活动，明明的任务是帮助一位不及格的男生达到及格线，由于这是好学生才有的机会，所以刚接到这个任务的时候，明明既兴奋又紧张，他对这个任务很上心，放学以后总是要留下来，帮助那个男孩解答难题，回家后还不忘打电话提醒那个男孩多加练习。可是这个学期快结束时，因为这个，老师在班会上当着全班同学的面批评了明明，说他没能帮助同学共同进步。在随后改选班干部时，当了一年多小队长的明明落选了。

我们可以想象，当明明满怀信心和喜悦去做这件事，却受到老师批评的时候，他的心情究竟有多糟糕，我们也可以想象他有多委屈，但是这时候家长应该怎样做呢？是去找老师理论吗？是告诉明明别再尝试吗？或许我们该学学明明妈妈的做法。

这件事对明明的打击很大，他告诉妈妈他不想再去上学了，妈妈对他说：“妈妈知道这件事情使你受了委屈。”听了这话，刚刚忍住不哭的他，眼泪又落了下来。妈妈接着问：“告诉妈妈，你尽最大努力了吗？”明明使劲儿地点了点头。“这就可以了，你要知道，世界上很多事并不是你尽力了就一定能成功的。但只要你尽了最大的努力就可以了。”从这以后，明明知道了，不应当为无法改变的事实而苦恼，只要自己尽了最大努力，就应当无怨无悔。

很多时候，我们都无法左右事情的发展方向，都会感到无能为力，那么这个时候我们应该怎么办？孩子本身就是脆弱的，在这种“无力”面前，他们显得尤为脆弱，作为家长，我们也不能帮助他们解决，我们能做的就是告诉他们，这个世界上有很多事情都不在我们的控制范围之内，所以不论成败，尽力就是对自己，对他人最大的负责。所以在失败面前也没有必要抱怨自己，没有必要为了难以改变的事实苦恼。

有时候，总要学会放弃与割舍

在孩子的成长中，家长总是给予他们无限的关心和疼爱，有的时候甚至是达到溺爱的程度，这不仅不利于培养孩子的良好性格，而且会对孩子今后的发展产生重要的负面作用。因此，作为家长，有时候在对待孩子的问题上，总要学会放弃与割舍。

林林已经上三年级了，他还一直很任性，由于他是家里的独生子，爸爸妈妈都特别疼爱他，几乎是有求必应。这一天，妈妈带林林去游乐园玩，看到高高的栏杆，林林的玩性大起，想要往上爬，妈妈告诉他很危险，可是林林根本不听，非要爬。看到妈妈不同意，他就坐下不走了，妈妈拉他，他竟然哭起来。妈妈一下子就心疼了，说："那你去吧，不过一定要小心。"林林一下子就跳起来说："好。"然后就向栏杆走去，可是就当他要爬到顶上的时候，一个不小心，就摔了下来，腿也骨折了，他的妈妈很后悔……

是什么导致了林林的悲剧？正是妈妈无条件、无原则的溺爱，让孩子变得无理取闹，肆意妄为。如果妈妈能够对林林动之以情，晓之以理，告诉他不让他爬栏杆的原因，或者即使林林哭闹，也不答应他的无理请求，也许林林就不会摔下来。这告诉我们，作为家长，一定要有原则，在教育孩子的问题上，不能任由孩子胡来，该严厉的时候就严厉，该割舍的时候就割舍，千万不要等到孩子出了问题后才后悔。

佳佳是一个性格脆弱的孩子。一次班上评选小红花，佳佳落选了，虽然全班其他25个孩子都没被评上，但是只有佳佳一个人哭了。老师便觉得佳佳有些脆弱，于是她开始观察佳佳。她发现：早上佳佳来晚了，她只是提醒她下次要准时，佳佳的眼里就有了泪花，课间的时候，佳佳和其他小朋友一起玩儿游戏，但是她老是输，输着输着她又哭了……老师觉得佳佳这样不行，于是决定找佳佳的妈妈谈谈。佳佳的妈妈告诉老师："从小到大，佳佳就是全家人的宝贝，每次她遇到什么事情，只要一哭，准会有人帮她完成，所以直到现在她还不肯一个人睡觉、不敢和别的小朋友打闹。"

听了佳佳妈妈的陈述，老师建议她不要太顺着孩子，因为这不是爱孩子，而是在让他们变得软弱，让他们在以后面对挫折的时候，更加手足无措，这不利于孩子的健康成长。听了老师的建议后，佳佳的妈妈开始教佳佳独立完成事情，比如早上起来，妈妈要佳佳自己穿衣服，虽然佳佳怎么也穿不上，妈妈也不帮她，任凭她一个人在床上哭。后来吃饭的时候也是这样，佳佳说不喜欢吃这个菜，哭着要吃别的，妈妈也没有满足她……

渐渐地，佳佳知道哭已经不管用了，于是她开始真正依靠自己。慢慢地她能自己洗袜子、自己睡觉了……

事实上，很多孩子都跟佳佳一样，喜欢用哭闹的方式"威胁"父母，因为她们知道，只要自己哭，父母就会无条件地满足自己的要求，所以这一招他们也屡试不爽。但是这样做真的对孩子好吗？如果父母只是一味地满足孩子，舍不得放下内心的疼爱，最终只会害了孩子，使他们变成嚣张跋扈、没有教养的人，这是我们都不愿看到的。

如果佳佳的妈妈一直将佳佳呵护在手心，让她衣来伸手，饭来张口，没错，在短时间内，一定是一家人其乐融融。可是时间久了呢？当佳佳长大了，接触到更多的人和事，别人会迁就、忍让她吗？答案是肯定的，没有人会像她的父母那样对她逆来顺受，那么结果只能是佳佳在生活中无所适从了……

虽然对于家长来说，放弃孩子成长过程中的主导权，割舍心中浓浓的爱，都显得很困难，但是我们不能否认，有时候，家长总要学会放弃与割舍。如果坚持主导孩子的生活，坚持事必躬亲，坚持帮孩子解决他们遇到的每一个问题，那么孩子永远也学不会独立，永远也学不会自己做决定。如果家长总是因为爱孩子，而舍不得孩子经受挫折，舍不得让孩子面对失败，那么最终受伤只能是孩子自己。

换个角度，困境也是一种赐予

有一次，欣欣和天天在公园玩沙子，由于欣欣没有小桶，她就向天天借，但是天天说他自己还要用，不想借给她。欣欣感到很受挫，于是向妈妈求援。妈妈问欣欣："你想要那个小桶呀？"欣欣点点头。妈妈继续问："你没有向天天哥哥借借吗？"欣欣说："借了，天天哥哥说他自己还要用呢。"妈妈接着说："那你没有问问天天哥哥他不用的时候能不能借给你啊？"欣欣说："没有，不过我想他也不愿意。"妈妈接着说："那你不试试吗？"欣欣说："我不敢了……"于是妈妈对她说："我带你去好吗？"欣欣说："嗯。"

于是妈妈领着欣欣来到天天身边，然后转身对欣欣说："你和天天说吧！"欣欣的语气还有点虚弱，但是想到妈妈就在身边，终于开口问："天天，你现在可以把小桶借给我了吗？"天天说："嗯，我已经用完了，给你。"妈妈笑着对欣欣说："你看，再和天天哥哥说一遍，他就给你了。"

孩子在和其他小朋友相处的过程中会遇到很多矛盾，也会感受到很多挫折。如果父母只是以自己的孩子为中心，动用自己的力量帮助他们解决问题，那么孩子永远也不可能长大。欣欣的妈妈没有直接帮她借来小桶，而是鼓励孩子自己去争取，通过一种默默"陪伴"的方式，帮助孩子解决了面临的困难，使得困难不再是孩子的绊脚石，相反成了孩子勇气的来源，成了一种赏赐。

有一个女孩在竞选班长的时候，受到了同学的议论，因为她的妈妈是本校的老师，所以当女孩的票数很高的时候，就有些同学不服气了，说她是因为她妈妈的原因才能够当选班长的。于是女孩很伤心，回到家就忍不住向妈妈哭诉，妈妈听完，既没有去向女儿的班主任反映，也没有太多地安慰女儿，而是很理性地分析了情况，让女儿自己去面对。她对女儿说："妈妈知道你很不开心，现在呢，你有三种方法可以选择，第一种就是放弃当班长，第二种就是找那些同学去理论，说你不是靠妈妈的关系才当上班长的，第三种就是做好这个班长，用实际行动去证明自己的能力，让那些同学心服口服。你觉得哪个办法好呢？"女孩说："妈妈我选第三种。"从此以后女孩更加积极努力，全心全意地为班级服务，最终得到了老师和同学的认可。

试想一下，如果女孩选择了前两种方法，结果会怎样呢，肯定会在她小小的心里留下一个阴影，让她失去勇气和信心。她妈妈的做法非常好，通过让孩子转变思维方式，把同学的质疑当作动力，只是换了个角度，就让孩子不再局限于自己的失落之中，而是着眼于未来，通过以后的实际行动证明自己，而且她也成功做到了，最终得到大家的认可，所以此时的困难对她来说，更多的是一份恩赐，一种收获。

文文在小升初的考试中失利，没能进入当地最好的初中，为此她很受打击，自信心也失去了，学习成绩也一落千丈。文文的爸爸对此很焦虑，担心女儿会因此而抑郁。有一天，爸爸偶然看到女儿过去写的作文，想到女儿的写作也获得好几次奖了。他突发异想，既然女儿这么擅长写作，何不帮女儿出版一本文集呢？听了爸爸的建议，文文连连摇头，她对爸爸说："爸爸，我不行的，我做不好。"但爸爸鼓励她说："我在你这么大时，绝对写不出你这么好的文章！”文文被爸爸的热情打动，最终同意爸爸的提议。经过一段时间的努力，女儿的文集终于完成了，并且发行之后，受到了大众的喜欢。在大家的赞扬声中，文文逐渐恢复了自信，学期结束时，她的成绩也取得了很大进步。

如果文文沉浸在考试的失利之中不能自拔，也许她再也不会拿起笔写作，也不会重新有勇气考得好成绩。正是在爸爸的引导下，文文换了一种角度，不再单单注目于升学的失败之中，而是重拾写作的兴趣，并且最终出版了自己的文集。如果没有升学带来的挫败，或许文文就不会想到要去写自己的文集，正是经历了挫折，才使得文文在另一种思维中取了成功。可以说是这次升学的失意成就了她的文集。

其实生活中的很多困境，都不是为了使我们更加挫败，或者使我们更加沮丧，而是为了帮助我们学会勇敢，学会坚强。不要让孩子因为失败而过度忧伤，教会他们学会换个角度去看问题，到时候，孩子就会发现，生活中有些阶段，正是因为有了困境才美丽，人生正是因为有了困境而更加多姿多彩，困境有时候是一种赐予。

逆境是培养孩子坚强的最佳时机

美国的职业培训师保罗·斯托兹提出了“挫折商”的概念，他从四个方面考察人的挫折商：控制、归因、延伸、忍耐。简单地说，挫折商高的人，会觉得自己对局面有掌控能力，遇到挫折会主动承担责任，并相信自己可以设法化解挫折，将挫折的后果控制在一定范围内，不会无限蔓延，懂得在逆境中坚持。

所以抗挫能力对于孩子至关重要，而最好的培养孩子挫折能力的途径就是逆境。人生的旅途上是荆棘丛生的，在温室中长大的孩子，无法适应社会的残酷，所以，让孩子从小经历逆境是非常有必要的。家长应当尽早告诉孩子，世上没有事事如意，想实现任何一种愿望，都需要用自己的坚强、勇敢、真诚去战胜困难。

事实证明，在逆境中成长起来的孩子往往更具有生存能力和竞争能力，这是因为在逆境中奋斗的人既有失败的教训又有成功的经验，而这样的人在面对困难时更趋于成熟，他们能把挫折看成是一种财富，具有常人所没有的笑对挫折、迎难而上的勇气。

萌萌上小学六年级，一直以来，她都是一个品学兼优的孩子，每个人都很喜欢她。有一天，萌萌回家后就一直闷闷不乐，妈妈知道一定是发生什么事情了，所以在吃饭的时候，试探性地问女儿："萌萌，发生了什么事情，你好像胃口不大好。"此时，萌萌回答道："妈妈，我今天一直被老师批评，我吃不下。"刚说完这句话，萌萌的眼泪就止不住的流了下来。

看到女儿这么伤心，妈妈将女儿揽入怀里，等萌萌情绪缓和之后，妈妈开始问女儿到底发生了什么事情。原来今天轮到萌萌她们组做值日，但是今天由于下了雨，路很不好走，所以萌萌和组员到学校的时候就晚了，所以直到上课，她们还没有打扫完教室，于是就被老师批评了。到了课间收作业时，萌萌发现自己把作业忘在家里了，因此没有及时上交，所以老师又批评了她。

妈妈知道了之后，耐心地劝说自己的女儿："你仔细想一想，其实老师的批评是有道理的。首先，不论是什么原因，值日生在上课之前没有完成打扫任务就是错的。其次，你本应该在上学之前检查书包的，本应该按时交作业的，但是你却把作业落到家里了，因此受到批评也是应该的，你就是心理素质太差了，平时妈妈都宠着你，没怎么批评过你，老师这才批评了你两次，你就受不了啦？妈妈实话告诉你，以后的路上，挫折还有很多呢，老师的这次批评只是很小的一个，如果你能战胜它，就说明萌萌又长大了呢。”此时，萌萌觉得很惭愧，她默默地点点头，心情也不再难过了。

每个家长都希望自己的孩子成为一个出色的人，而要想让孩子具备能够勇敢面对挫折的能力，就必须在小事上磨炼他们的心理承受能力，让孩子学会接受现实中的不利一面，学会勇敢地面对自己当前的困境，并且要敢于承认自己所犯的错误，并从中汲取教训。只有这样，孩子才能健康成长，才能成为一个优秀的人。

迪迪今年 8 岁了，在妈妈的教导下，他一直是个爱劳动的好孩子。一天吃饭的时候，妈妈吩咐迪迪去厨房拿碗筷。迪迪一边拿着碗一边跑着。后来，只听“啪”的一声，原来是迪迪摔倒了，碗就被摔碎了。看着迪迪倒在地上，妈妈并没有过去扶他，而是大声说了一句：“迪迪，你是男子汉，快站起来！”迪迪显然是摔疼了，不但没有从地上站起来，还哭了起来。于是，妈妈又对迪迪说了一声：“迪迪，你是个勇敢的孩子，妈妈相信你一定会站起来！”得到鼓励后，迪迪真的站了起来。

所以家长一定要注意，平时要教育孩子正确地对待失败，告诉孩子自己跌倒了，自己要学会爬起来。这种教育方式不仅能锻炼孩子的坚强意志，还能增强孩子的信心，为他们今后走向社会，在激烈的竞争中取得成功打下基础。千万不要让孩子一直处于温室之中，看不到风霜雨雪，一定要有意识地给孩子以逆境，让孩子坚强地迎接生活中的挑战。

放手，让孩子在磨砺中成长

俗话说，“吃一堑，长一智”。对于孩子而言，更是如此，只有亲身经历了，他才会相信。当不幸和挫折到来时，孩子也会在经历和战胜挫折的过程中懂得很多道理，而通过这种方式懂得的道理远比父母苦口婆心的劝说更要深刻。所以，磨砺中带来的感悟会给孩子今后的发展带来极大的影响，如果父母能够对孩子进行适当的挫折教育，那么在未来的某一天，当孩子遭遇了突如其来的挫折，他便有了更多的勇气和信心，不会轻易就被挫折打倒。相反，那些没有接受过或者很少接受挫折教育的孩子，会因为害怕再一次跌倒而不敢爬起来。甚至有些孩子会认为，跌倒了就是天塌地陷了，没有了生存的意义。

我国台湾曾发生过这样一件事情。几年前，有一个12岁的儿子去参加电视歌手大奖赛，由于他的父母是台湾家喻户晓的歌星，他从小就在众星捧月中长大，身边都是赞美和鼓励的声音。但是在节目现场，当男孩演唱完之后，他自信地等待裁判的评语。没想到裁判言辞犀利，毫不留情地说："你唱得这么烂，也想当歌星，简直是个笑话。"男孩听闻此话整个人都呆住了，他瞪大眼睛，似乎不相信自己听到的话，然后就突然像得了失忆症，呆呆地站在原地一动也不动。据说，后来这种状态持续了很长的时间，他家里花了很多钱给他治疗，好几个月之后，他才渐渐，恢复正常。

挫折是具有两面性的，它可能是人生路上的绊脚石，也可能是前进途中的助推器。挫折既给孩子带来压力和打击，又锻炼了孩子的心理承受能力，激发他们的智慧和勇气。但是，当父母把孩子前进途中的障碍和挫折都扫除了，把本来属于孩子的锻炼心智的机会剥夺了，孩子未来的道路又将何去何从？尤其是当进入社会，逆商低的孩子一旦遇到挫折就茫然无措，难以招架，就像上面提到的小男孩，甚至接受不了批评。

所以，做父母的一定要检讨自己的教养方式，学会退后一步爱孩子！学会放开手，让孩子独自去面对眼前的困难，让孩子在磨砺中成长。只有这样，当遇到挫折的时候，孩子才会明白挫折并不可怕，可怕的是丧失自信，只要对挫折有正确的态度，自己完全可以重新站起来，越挫越勇！

为了帮助孩子能够在磨砺中健康成长，家长应当从以下几个方面教育孩子。

（1）正确引导孩子。

正确引导孩子对待挫折的态度，是挫折教育的关键。在挫折教育中，孩子经历了挫折后，如果没有得到及时准确的引导，会对孩子的发展产生不好的影响，会使孩子产生消极心理和抵触情绪。因此，在孩子经历挫折的同时，父母应及时地给予鼓励和肯定性的评价，以增强孩子克服困难的勇气，同时也应做好引导工作，帮助孩子分析受挫折的原因，继而鼓励孩子能主动对待挫折，在挫折中造就自己坚强的性格。只有这样，当挫折来临的时候，孩子才能够更加有信心。

（2）鼓励孩子充满信心。

挫折其实并不可怕，很多时候，孩子之所以在挫折面前变得软弱，是因为对自己没有信心，所以父母应当多给孩子一些鼓励，可以用鼓励的话语、乐观的微笑，赞许的目光来增强孩子面对挫折的勇气。父母也要让孩子知道，面临挫折和失败并不可怕，最可怕的是失去对成功的渴求，同时还应当告诉孩子，挫折并不可怕，只要战胜了挫折，就一定能够有所收获。

（3）家长要学会放手，让孩子独立面对问题。

我们都知道很多孩子之所以不能战胜困难，是因为父母总是抢先帮他们解决问题，舍不得让孩子伤心、难过，舍不得让孩子吃苦、受累，所以为了让孩子能够更好地在磨砺中成长，家长必须转变观念，不能一味地溺爱孩子，应当学会放手，让孩子独立面对自己的问题。

（4）教会孩子超越挫折的方法。

授人以鱼不如授人以渔，只有孩子真正学会了超越挫折的方法，他们才能够更好地独立解决困难。所以当孩子面对挫折无所适从时，父母可以教孩子进行自我心理调适的方法。首先，父母要教育孩子学会冷静反省自己，全面分析挫折的成因，积极寻找解决的办法；其次，可以告诉孩子学会转移注意力，如打球、唱歌、跳舞，或从事其他娱乐活动，以改变心境；最后，可以对孩子进行心理疏导，增强孩子的心理素质，使他们能够尽快调整自己的情绪，以健康的心态看待问题，寻求解决问题的途径。

第九章
人际交往训练：你的孩子真的擅长与人相处吗

性格影响社交，社交也在潜移默化中影响着性格。孩子怕生，没礼貌，和异性说话脸红……其实，孩子的这些问题都有办法得到改善。

小测试：了解孩子的社交能力

一说到社交，在大家的印象中总是与大人有关，认为只有大人才会有社交关系，而孩子还小，没有社交关系，也没有社交能力，其实这是错误的。在孩子的成长过程中，接触到的每一个大人或小朋友都属于他的社交关系。孩子上小学之前，其在团体的活动中，主要就是学习怎么才能够与其他的小朋友成为好朋友，怎样恰当地表达自己，并懂得用一种既能够被他人接受，又能表达自己的方式，为学龄期及以后的团体合作打下基础，这就是孩子的社交能力。

这种能力不仅可以让孩子能够很好地适应周围各种环境及建立自己的社会支持系统，还可以让孩子拥有良好的表达和人际互动能力。宾州州立和杜克大学研究发现，孩子的社交能力与其今后的成长有很大的关系，那些在幼年时期社交能力比较突出的孩子在以后的学习和工作中往往表现比较出色，而那些社交能力一般的孩子则在入狱、暴饮暴食等方面的可能性更高。

美国心理学家卡耐基也认为：一个人的成功 30% 靠才能，70% 靠社交关系。所以说，社交能力是一种驾驭生活、完善自我的能力，孩子的社交能力如何直接影响了其一生的发展方向。作为父母的我们要如何了解孩子的社交能力呢？下面我们可以通过这些小测试来检测一下自己孩子的社交能力。

当孩子在 2–3 岁时：

1. 会说“你好”“拜拜”“晚安”等简单的问候语。

2. 可以和爸爸、妈妈等亲人表达亲昵行为。

3. 会对包括爷爷、奶奶、姥姥、姥爷在内的老人彰显礼貌。

4. 最少拥有一个交往超过 3 个月以上的朋友。

5. 对来自己家做客的小朋友主动表示欢迎。

6. 和客人说话懂得微笑。

当孩子在 3–4 岁时:

1. 最少拥有一个好朋友，而且交往已经超过了 6 个月以上。

2. 能够熟练掌握“爸爸”“妈妈”“爷爷”“奶奶”“姥姥”“姥爷”等至少 10 种不同的称呼。

3. 可以通过年龄、衣着、装饰因素，对不认识的访客做出类似叔叔、公公、阿姨、哥哥、姐姐等准确称呼（正确率应在 80%以上）。

4. 学会对包括幼儿园老师、邻居在内的成年人表示尊敬。

5. 可以把自己的零食或玩具拿给其他小朋友分享。

6. 会用温和的语气说话。

当孩子在 4–5 岁时:

1. 可以自在地和不同的小朋友接触，更甚者还喜欢与大人交朋友。

2. 能够为有困难的小朋友主动提供帮助。

3. 对于自己所犯下的错误，能够主动认错或向对方道歉说“对不起”。

4. 在父母或其他亲人生病的时候，主动表示关心。

5. 在父母以及其他家人不在家时，对于打给家里的电话能恰当地接听。

6. 能够掌握与人商量的初步技巧。

当孩子在 5–6 岁时:

1. 能够至少交到一个可以相信的朋友，并懂得学习小伙伴的长处。

2. 对于别人做了对不起自己的事时，可以原谅对方并接受对方的道歉。

3．能够对小伙伴取得的成绩表示真心祝贺，并从内心为对方感到高兴。

4．对朋友的不幸或痛苦能够学会分担。

5．能够对乞丐、流浪者等社会地位低下的人表现出自己应有的尊重。

6．可以做到“察言观色”，能够理解他人传达的一些非语言信息，比如表情、语调、手势、眼光等。

以上的测试是孩子在相应的年龄段应该具备的社交能力。需要注意的是，这个测试只是让家长对孩子的社交能力能有一个简单的了解，不管孩子在相应年龄阶段的社交行为能命中几个，都不能代表孩子的最终社交水平。因为在儿童时期，孩子的可塑性是非常强的，即使当时社交能力比较不尽人意，但只要家长和老师能够正确引导，其社交能力和社交水平也会自然而然地有所提高的。因此，孩子的社交能力高低，最终取决于父母及老师对孩子社交能力的有意识的培养。

一个活泼开朗、乐于与人交往的孩子才能很容易地受到小伙伴的欢迎和大人的喜爱，而且也更容易适应新环境。所以，家长可以有意识地锻炼孩子的社交能力，比如多抽空陪孩子玩，或者带孩子到朋友家，让孩子多多与外人接触，条件允许的话还可以带孩子去旅游，通过见识外面的世界来开阔眼界，这样也能在同龄的小朋友中有更多的话题。长此以往，孩子的社交能力会越来越好。当然，培养良好的社交能力，并不意味着可以让孩子和任何人做朋友，主要是让孩子在团体中能够正确地展现自我，学会团队合作，具有合作意识，更重要的是孩子在集体中能够获得更好的成长！

交友与合作：让孩子快速融入集体

不知道各位家长有没有遇见过这种情况，去幼儿园接孩子，经常会看到某个孩子独自坐在角落里玩玩具或啃自己的手指头。看到他孤单的样子，你不仅会产生疑惑：这个孩子怎么了，为什么不能融入到集体中去？是受排挤，还是另有原因？也许他只是不懂得如何去和小伙伴们交往。这是现代独生子女所带来的一个弊端，一家人围绕一个孩子转，让孩子感觉自己得到无限重视，长此以往，孩子容易形成以自我为中心的主观意识，比如太霸道、自私、惟我独尊，不懂得怎样与其他人交往，从而在集体生活中显得不太适应，不能很好融入集体。

交往，不是个体的行为，是通过融入到集体中实现的。我们都经常说集体是一个大家庭，每个人的成功离不开集体，在集体中每个人都能吸收到养分和能量。而且心理学家也认为，同伴对指导或训练孩子掌握社会交往技能、帮助孩子走出孤独的困境，具有特殊的作用。某些技能，孩子是无法在成人那里学到的，所以让他们从小学会融入集体，是很重要的。

楠楠由于家长工作原因，转学来到了花田幼儿园。在她转来的第一天，就引起了老师们的注意：虎头虎脑，眼睛大大的很有灵性，看似聪明伶俐，却像一个不会说话的洋娃娃，让人几乎感觉不到她的存在。在集体活动时，她安安静静地坐着，面无表情地看着老师，不一会儿又低下头；吃饭前，其他小伙伴都跑去洗手，她还是一动不动；起床时，如果老师不叫她或者不抱她起床，楠楠就会一直躺在床上；当大家做游戏时，孩子们都积极参与，只有她仍坐在那里。欢快的游戏气氛与她的沉默形成了强烈的反差。

为了了解楠楠的情况，老师在生活中不断尝试着与她近距离接触。

通过几天的认真观察，老师发现楠楠其实是个很不错的女孩子：她不仅饭吃的多，而且没有挑食的坏毛病，另外她的动手能力也比较强。而导致她不愿动手做，不喜欢和老师沟通，并且不与其他小朋友一起玩的主要问题就是她比较胆小孤僻，缺乏自信，与同伴交往困难。

那么怎样才能有效地帮助楠楠克服胆小，树立自信，尽快适应集体生活呢？

在经过与楠楠家长的一次深入谈话后，老师才了解到，很小的时候楠楠的父母就离婚了，一直由奶奶扶养。楠楠从小就缺少父爱母爱，加上奶奶怕她在外受别人的欺负，整天把她关在家里看电视、玩玩具，不和小伙伴们交往。结果就造成她现在的胆子小、性格孤僻，也不懂得怎么与同伴交往。

针对楠楠的情况，老师决定要帮助楠楠融入集体。

学会和同伴正常交往，首先就要帮助楠楠树立自信心。然而自信心的培养不是短时间就能成功的事，还需要家长的适时表扬，鼓励孩子的点滴进步。对于这一点，楠楠奶奶做得非常好。没几天，楠楠就敢私下和其他小朋友讲话了，在吃饭的时候也不用老师过去叫了。

时间一天一天过去了，楠楠朝着大家所期望的方向变化着，但是还是和其他小朋友有隔阂。虽然她现在愿意和老师交流，但对于小伙伴之间的交往还是比较胆小，经常游离于集体之外。于是老师又鼓励一些能力强、人缘好的孩子主动去找楠楠玩。

一开始并不顺利，但时间长了，她也慢慢习惯了，开始接受小伙伴们的示好。尽管她只是在同伴的支配下拿一块积木，递一块橡皮泥等，但这也算是良好的开端。

城市化的进程带来了物质条件的优渥，也限制了孩子交友的空间和交往的安全感。作为父母，虽然很想为孩子创造一个良好的交友环境，但由于自己的忙碌和不放心，只能选择将孩子困于厚重的防盗门后，于是出现了越来越多像楠楠这样的孩子。因此，除了老师在学校的刻意引导外，家长也要在生活中多创造机会，鼓励自己的孩子与同龄人交往，与他人多多合作，将自己融入到集体中去。

合作也是融入集体的一种方式。而家庭是孩子学习的第一课堂，爸爸妈妈之间能否分工合作，互相配合，都会对孩子产生直接影响。因此，父母要在生活中树立合作的榜样，大家在合作中不互相责备，善于对身边的各种合作行为进行积极评价和鼓励，这样就可以激发孩子学习合作的动机，让孩子产生合作意识，从而学会与其他人合作，进而能够很好地融入到社会集体中去。

与小伙伴之间进行交往与合作，可以让孩子更快地融入到社会中去，作为家长应该怎么有意识地促成孩子之间的交往呢？

（1）邀请孩子的同龄人到自己家玩。

家是孩子最熟悉的地方，在家里孩子能够更加放松。家长可以邀请别的小朋友来家里玩，告诉自己孩子现在自己是小主人，让他帮忙照顾好其他小朋友。

（2）多带孩子参加各种活动。

为孩子创造认识同龄人的机会，可以联系其他家庭搞一些小型聚会，也可以带孩子去参加一些亲子活动。

（3）引导孩子与人交往。

要利用孩子容易接受的方式去引导。比如编一些有针对性的小故事，在讲故事的同时，让孩子了解一些与别人友好相处的方法，也可以借助一些图画书，让孩子了解集体生活的行为规范，让孩子觉得与人交往以及参加集体活动是一件很有趣的事情。

（4）家长要做到言传身教。

爸爸妈妈与其他朋友间的和谐相处，也是为孩子树立的最好榜样。

（5）鼓励孩子结交好朋友。

不能要求孩子马上融入大的集体里面，可以让孩子先从交一个好朋友开始，让他懂得交朋友的趣味，慢慢地就会融入到集体里了。

再好的父母都不能代替伙伴的作用，孩子是在同伴交往中长大的。在集体活动中，孩子们可以学习和掌握许多社交能力，如组织、合作、理解、沟通、尊重等，能够养成互助、友爱、分享的好习惯！

教养很重要：社交礼貌不能少

在与人的社会交往中，如果一个人的行为举止落落大方，接人待物有礼貌，能够懂得去尊重别人，那么其他人就非常愿意与之交往下去。良好的教养不仅仅是一种有修养的表现，它还代表着对对方有足够的重视和尊重，这也是大多数人事业成功所必不可少的条件。

然而，有一些孩子却不知道应该怎样尊重别人，父母也忽视了对孩子这方面的教导。要知道一个孩子在待人接物时是否有礼貌，也间接地反映出了父母的品行。

今年已经满7岁的豆豆在家里却是一个比较任性的小男孩，父母只当他年纪还小，也没刻意地去纠正这一行为。

有一次，豆豆家里来了两位客人，父母让他跟客人打招呼问好，不知道怎么回事，豆豆一直皱着眉头死活不开口。一时之间，豆豆父母和客人都感到十分尴尬，不知怎么办才好。

等到吃饭的时候，菜还没有上齐，豆豆就已经自顾自地大口地吃了起来，还把自己喜欢吃的菜扒拉到自己跟前，另外嘴里含着菜还不停地向客人问这问那；就连客人同父母说话的时候，他也会无缘无故地打断。这时，妈妈有些挂不住脸，生气地瞪了豆豆一眼，没想到这一眼却把豆豆给惹急了。他扔下筷子冲着妈妈大声地喊道："你瞪我干嘛啊，我又没说不让叔叔阿姨吃饭，你看他俩吃饭的时候嘴巴多快啊！"豆豆的话让客人感到很不好意思，匆匆地吃了两口饭就推辞有事离开了。

豆豆这个案例，在生活中并不少见，许多父母因为这样或那样的原因，忽视了对孩子的人际交往能力的培养从而导致孩子不懂得基本礼仪和交际方法。而且还有相当一部分父母认为自己孩子还小，现在不懂礼貌，做得不好也很正常，等以后长大了自然就会明白事理，会懂得这些事情，因此便不把培养孩子的交际礼仪放在心上。

殊不知，这样容易使得孩子从小养成一些不良行为，不利于孩子的成长与成才。不管是什么能力都是越早培养受益越大，所以父母应该在孩子小的时候就提高对孩子交际礼仪的重视，因为这关系到他们以后的身心发展。

那么究竟应该如何培养孩子的讲文明，懂礼貌的行为习惯呢？

首先，父母要做到言传身教。

父母作为孩子的第一任教师，有着责无旁贷的教育责任。孩子的思想很单纯，对这个世界的认识，基本上还是一片空白，如何走好每一步，需要父母精心进行引导。父母，是孩子的第一个启蒙老师——孩子对父母的言行举止，尤为上心。人们常说：孩子是父母的一面镜子，有什么样的父母，就会有什么样的孩子。一个满口脏话的家长，想要自己的孩子语言文明是不大可能的；一个经常占集体便宜的家长想要自己的孩子关心他人、帮助别人做好事也是很难想像的。父母的一言一行就在潜移默化地影响着孩子，所以家长首先要严格要求自己，做孩子的表率，通过注意自己的言行举止来影响孩子、教育孩子，随着年龄的增长，这种影响就逐渐发展成一种人生方式。

其次，学会用榜样激励。

虽然孩子的辨别是非的能力比较差，但他们对于大人的表扬和鼓励是非常重视的，对于孩子的这种上进心理，家长应该及时给予肯定，并且肯定孩子的讲文明、懂礼貌行为，且给予表扬和鼓励，这样就可以使孩子对正确的行为能有足够的认识进而通过获得的正面强化刺激，使其固化下来，逐渐养成一种行为习惯。

知书未必就能达礼，不懂礼貌的孩子，世界就为他关上了一扇门，纵然空有一纸文凭和一身本领却难以施展。所以，家长在教育孩子的过程中要认识到道德的重要性，要引导孩子明辨是非，爱憎分明，明确告诉孩子哪些事能做，哪些事不能做，不能眼睛光盯着孩子学习的进步，应认识到培养孩子的社交礼貌更重要。在日常生活中加强孩子热爱他人，尊敬师长，团结同学，对人有礼貌，有责任感，不歧视弱势群体的教育。

孩子有社交恐惧症，家长该怎么办

与人交流是每个人在生活中必不可少的活动，然而有一些孩子怕见生人，在陌生环境中表现为过分害羞，甚至与熟人谈话时都感到紧张和脸红，对自己的行为过分关注，尤其不愿到人多热闹的场合。在公众场合，如幼儿园、游乐场、公园、商场、亲戚家时，会感到极度的恐慌、紧张，感觉到痛苦和身体不适或出现哭闹、不语、退缩。严重时，在与人交往中出现惶恐不安，出汗、心跳加快、手足无措等现象。孩子对新环境或陌生人产生的恐惧、焦虑情绪和回避这些行为，被专家称之为“儿童社交恐惧症”。

这是由于孩子缺乏独立的生存能力和社交经验，一旦离开父母，独自面对陌生人的时候，就会产生焦虑。大多数孩子会随着和陌生人交往次数的增加，逐渐降低焦虑感，最终变成“熟人”。如果某个孩子在长时间、反复出现持续的焦虑情绪和回避行为，就表示这个孩子有社交恐惧症的嫌疑了。

那么，孩子在交往中表现出的社交恐惧行为是什么原因形成的呢?

一、性格气质差异的影响。

有社交恐惧行为的孩子一般是对陌生的人或事物反应较为缓慢，需要时间来适应;不过也有的孩子因为神经类型弱,对外在表现出过于敏感，易紧张，尤其是对不熟悉的人、事、环境本能地感到害怕。

二、周围环境的影响。

在一个家庭中，如果父母不善于对外交往，和外界联系的少，那么孩子也就没有了与外界联系的渠道，当然就缺乏与外界交往的经验；另外，现在大多数家庭都生活在公寓式的模式中，孩子大多被圈在室内，没有学习与人交往的生活空间，也就造成了在以后的交往中容易怕生、胆怯。

三、教育上的问题

1. 曾在以往的交往中受到伤害。比如经常有一些家长会强求孩子叫人、表演等。每当因孩子缺少心理准备或紧张而不遵从时，就会面临父母的责备、训斥，因而造成孩子怕交往。

2. 父母平时对孩子要求比较严格。只要孩子做错了事就受惩罚，导致孩子因怕失败而遇事退缩。

3. 过分疼爱孩子。父母怕孩子做不好，就包办了一切事情，所以一旦遇到新的环境，没有父母的代劳，孩子就丧失了适应新环境的能力，不知道该怎么办。

4. 过分放纵孩子。在家里没有规范的约束孩子，使得其不能控制自己的行为，一旦融入到集体中，与家里的差距太大，无法适应，产生胆怯。

春天来了，嘟嘟妈妈和几个朋友约好周末带孩子一起去植物园游玩。一听说能够去植物园玩，嘟嘟高兴得跳了起来。周末还没到，就开始追问爸爸妈妈："我要带些什么东西？"并按照爸妈的要求开始收拾自己的"行李"。收拾完了又跑过来问："妈妈，在植物园我能看到小蜜蜂采花蜜吗？"各种各样的问题，纷纷冒出来。

终于，到了周末。

一大早，嘟嘟就自己背着一个装着零食、水、小人书的小书包，跟着妈妈一起出发了。一路上，嘟嘟还在不停地问："妈妈，你的包包重不重，我来帮你吧？"周围人纷纷羡慕嘟嘟妈妈有福气，女儿这么小，就已经是一个贴心的小棉袄了。

到了植物园门口，嘟嘟妈妈的朋友也都带着孩子集合了。几家会合后，场面顿时就无法控制了，几个年纪相仿的孩子很快就玩在了一起。但嘟嘟妈妈发现，女儿一直站在自己身边，没有加入到这场"战斗"之中。

"嘟嘟，怎么不去和大家玩呢？"嘟嘟妈妈问她。

嘟嘟摇了摇头，只是拉着妈妈的手，使劲地把她往人少的地方拽："妈妈，我想到那边去玩。"几个阿姨看到了，纷纷让自己的孩子和嘟嘟玩儿，但嘟嘟谁都不理。

一天下来，她几乎一直呆在妈妈身边，紧紧地抓着妈妈的手不放。哪怕妈妈上厕所，嘟嘟也会跟进去。有一次，她在旁边看牡丹花，忘了拉妈妈的手，一回头却没看到妈妈，便放声大哭起来，任凭那些阿姨怎么哄都不行。一直等到妈妈回来，嘟嘟才不哭了，紧拽妈妈的手，一刻都不放下。

现在，嘟嘟的妈妈很纠结：嘟嘟这么胆小，不敢和其他人交流，这可怎么办呢？该如何让胆小的嘟嘟懂得交际、和小伙伴自然地融在一起呢？

面对孩子的社交恐惧行为，作为家长一定要注意开导，这里给大家介绍几种方法：

1. 每天给孩子一个赞。

每天睡觉前跟孩子说，你是最棒的，你很聪明，只要你肯努力，保持积极乐观的心态，就一定会发现生活的美好。还可以让孩子在睡前和早起时，找一个地方，大声的告诉自己："我能行，我一定行！"

2. 多看一些励志的书。

没有人能随随便便成功，都会经历挫折，甚至经历不堪，让孩子多看一些成功人士的心酸历程，有助于孩子告别社交恐惧症。

3. 多带孩子参加一些集体活动。

对于那些不能主动参加集体活动的孩子，家长可以带孩子去参加，让孩子感受到集体活动的乐趣，让他们自己慢慢体会，与人接触多了，也就好了。

4. 寻求医生帮助。

如果孩子一直拒绝与人交往，那就应该找个医生，介入治疗。听从医生的建议，制定一个适合孩子的疗法。

尽管有研究表明，社交恐惧症与智商没有多大关联，但儿时的社交恐惧症也会对其成人后的社交生活产生一些不利影响。对于大部分人来说，那些有社交恐惧症的人，常常会被同事或上司误认为"难以沟通"、"没有团队精神"等，最终给职场的发展带来一些不好的影响。所以，要重视孩子的社交恐惧症，及时改变孩子的恐惧心理，让孩子更好地融入到社交活动中去。

你的孩子是否总与人发生冲突

“× × 抢我的小汽车”、“× × 把我搭的房子推到了”、“× × 打我”、“× × 不跟我玩”……只要孩子们在一起，类似的矛盾和冲突就会经常发生，一不小心，小家伙儿们就像小公鸡一样斗起来了，弄得家长们总是紧张兮兮的。

在孩子们社会化的过程中，随着接触的空间逐渐扩大，孩子对外关系逐渐由亲子关系向同伴关系转移。然而在与同伴交往、活动中，他们又经常发生这样或那样的冲突。为什么孩子们在一起就不能好好玩、冲突不断呢？

在心理学上认为，这种孩子之间的冲突矛盾是由其自身的认知发展水平决定的。在孩子 3–6 岁的时候，意识上主要还是以自我为中心，不会站在别人的角度想问题，也没有学会接受他人的意见和想法，因此就容易引起冲突。一般在孩子 3 岁后这种“冲突”的表现会越来越多，5 到 7 岁达到顶峰，当 8 岁后，孩子就会开始懂事，这种情况也会减少。

不过，孩子们之间的冲突大多都是对事不对人，并且他们也不会为此而记仇，也可能今天刚吵完架，明天就又好得跟一个人似的。陈鹤琴先生曾经说过：“吵吵闹闹是上帝赐予孩子的礼物，孩子们在吵闹中长身体，长智力……”孩子之间发生冲突的过程也是他们不断学习的过程，对其融入社会生活有着独特的价值。当孩子之间出现冲突，最后又由孩子独立地解决问题后的那种成就感是家长或老师的言语教育和行为指导无法取代的。即使孩子没有很好地解决冲突、亲历失败的经验，也是一种积累。当面临孩子之间的冲突时，作为家长首先应该考虑到的是利用这个机会能让孩子获得哪些经验，而不是一味地要求尽快结束冲突。

所以说，如果孩子在生活中一点冲突都没有，这对孩子未来的发展未必是好事。但如果孩子处于太多的冲突之中，也不是好现象，这样会导致孩子出现各种心理障碍。

熙熙在两岁的时候，就因为咬人在邻居间比较出名。每次与邻居家的小伙伴玩时，熙熙一不顺心就咬人，弄得邻居都不敢让自家孩子跟她玩了。不光这样，在幼儿园里，熙熙也是很厉害，咬幼儿园小朋友的事时有发生，而且，连老师都不放过。一次，老师给她分苹果的时候比平常晚了，就遭熙熙狠狠咬了一口。当熙熙 5 岁时，已经成了标准的“问题孩子”，在幼儿园里经常打架，这让老师和父母都头疼不已。

由于现在多是独生子女的缘故，父母对孩子过度的溺爱，使得这种“问题孩子”越来越多，他们经常因为一些小事而和小朋友发生冲突，动手打架。如果不及时纠正孩子的这种行为，时间长了不仅会让孩子被身边的小伙伴排斥，影响其社交能力的发展，而且还会越来越不合群，心理上也变得孤僻，这样对孩子的心理健康非常不利。

那我们应该如何来应对孩子的冲突行为呢？

（1）立刻做出反应。

一旦看到孩子对小伙伴出现攻击性行为时，尽量立刻做出反应。家长可以把他带走，实施短暂的隔离。这种隔离时间，对一个 4–5 岁年龄段的孩子来说，有三四分钟就可以了。家长这样做的目的主要是为了让孩子把自己的动作行为和结果联系起来，认识到自己如果打人或咬人了，就不能够继续和小伙伴一起玩了。家长要记住的是，不管自己当时有多生气，都不要对孩子大喊大叫或者去打孩子，甚至说他是个坏孩子。这是因为这些都只会让孩子去模仿自己，在生气的时候动口或者动手攻击别人，而不能改正自己的行为。所以，家长要学会控制自己的情绪，镇静地把孩子拉走，给他树立一个良好的榜样。

（2）坚持一贯的原则。

家长要尽可能用一种方式去对待孩子的冲突行为。只要家长能坚持多次地运用同样的方法，就可以迅速地建立一套被孩子认识和接受的规则。比如，熙熙又咬人之后，妈妈说："熙熙，你又咬人了，我要再罚一次。"慢慢他就会明白，只要自己做了错事，就得受罚——这是孩子开始控制自己行为的第一步。哪怕在公共场合，孩子做了让你比较尴尬的事情，也要坚持这些原则。相信大多数家长都会理解你的处境，因为大家都经历过这种情况。可能也会有人对你表示不理解，或者说些"怎么你不爱自己的孩子"之类的话，请不要理他们，坚持按照自己认为正确的方法去处理。

（3）及时和孩子沟通。

在冲突过后，孩子冷静下来时，家长要心平气和地跟他讨论一下刚才发生的事情，时机选择在孩子心情比较平静但还没忘记整件事情之前，及时和他谈谈。一般在事情发生后的30分钟到1小时之间。我们可以问一问孩子，为什么突然发脾气，并告诉孩子有时候生气是很正常的，但再怎么生气都不应该推人、打人、踢人或咬人。我们可以告诉他，还有其他更好的方法去发泄愤怒，比如，去踢球、用拳头打枕头、找大人调解，哪怕只是说出自己的感觉："妈妈，他抢我的玩具，我很不高兴。"

有许多孩子在不顺心或生气的时候就会摔玩具或者推搡最近的东西，这是因为孩子没有理性、不知道如何去调节。这个时候家长应该引导孩子把这种情绪发泄出来。比如，可以带孩子去跑步，也可以引导孩子正确面对自己的错误，学会站在他人角度考虑问题，引导孩子学会思考，提高其正确分析、独立解决问题的能力。

怎样引导孩子与异性交往

随着孩子的成长，性别意识也逐渐萌醒，开始出现青春期的懵懂，通常表现在：看见异性会脸红心跳，想跟对方说话又不敢跟对方说话；关注对方的一切活动；不专心学习，心不在焉。这个阶段，父母如果因为害怕孩子产生早恋而将孩子的交往对象限制在同性之间，这样不仅会让孩子丢掉很多朋友，而且还会对孩子心理健康产生不利影响。

作为父母，应该让孩子明白，与异性朋友交往也可以跟同性朋友之间的友谊一样，异性朋友身上有很多优点，不要刻意回避与异性朋友之间的交往，引导孩子在异性交往中拥有正确意识。同时，父母还可以为孩子提供与异性朋友进行交往的条件，这样可以让孩子更好地了解异性朋友，让异性不再神秘，消除孩子对异性的好奇心理，纠正不健康的心理意识，还会提高孩子处理人际关系的能力。

小鱼在小学三年级的时候，有一天放学回家后就开始翻箱倒柜找东西。妈妈很好奇她在找什么，后来看她找出来几本影集，妈妈装作随意地问："鱼儿，怎么又拿出以前的影集呢？"

小鱼说："学校有一个四年级的大哥哥，今天向我要一张照片。"

妈妈说："那你决定送哪张了吗？"

小鱼说："嗯，就这张吧。"

看到小鱼的表情，一脸懵懂，丝毫没有躲躲藏藏的神色。妈妈心里忍不住开始纠结：有高年级的男孩子喜欢鱼儿吗？是早恋的苗头吗？要不要提醒她？会被高年级的同学欺负吗？要不要检查鱼儿的书包？还是偷看鱼儿的日记？

思虑良久，妈妈决定，静观其变。

过了一周，小鱼又翻箱倒柜，这次找出十多本影集，翻来翻去。妈妈问：“又在找照片吗，需不需要妈妈帮你一起找？”

小鱼：“我上次给了那位大哥哥自己躲在花丛中的一张照片，可是他说那张照片看不清脸，所以想再要一张大头照。”

这次可以确定那个男孩喜欢鱼儿了吧？这是出现早恋的苗头了吗？这次得引起重视了吧？以后得经常盯紧鱼儿的行踪了吧？以后可以偷看鱼儿那本加了锁的日记了吧？

妈妈认真想了想，决定还是不要这么做。可能这只是同学间的好感而已，别看得太重。

又过了一周时间，妈妈在小鱼的书桌上发现一张纸条，但字写得很小，看的比较费劲，凑合看了两行，妈妈就放弃了。在吃晚饭的时候，妈妈问小鱼：“我在你书桌上看到有一张纸条，上面有人在问你，爸爸妈妈在家里叫你什么，你跟他说了吗？”

小鱼摇摇头说：“他写的字太小了，我没看清，就没看。”

孩子这是在故作镇静，还是真的没往那方面想呢？妈妈决定不再聊这个话题，应该没什么大事。

当小鱼上大学后，妈妈想起了这件事，再询问，小鱼说她记得给了那个同学两张照片，现在还记得他的名字，朋友而已。

小鱼和那位大哥哥只是出于某种好感，刚产生异性意识的时期，对此都是好奇的，只要正确指引，就是一种单纯的朋友之间的友谊。当你看淡它，可能一切都不会发生；当你耿耿于怀，一切都可能发生，甚至很严重。所以，家长应该正确看待孩子的异性交往。

另外，学会与异性交往，也是孩子在社会中需要掌握的一种社交能力，不要一味地去阻拦他，让孩子顺其自然地长大。尤其是对那些刚刚进入青春期的孩子要多观察，多引导，少阻拦，为了帮助孩子顺利度过这一时期，家长应该恰当地给予引导。

正确的做法如下所示：

（1）鼓励孩子与异性正常交往。

完全禁止孩子与异性朋友正常交往，反而会增强其好奇心。所以，家长可以鼓励自己的孩子与多个男女同学一同交往，发展广泛的友谊，不要局限于某个异性同学。男女同学的正常交往和一起参加集体活动符合学生的心理需要，不仅可以淡化孩子对异性的神秘感和好奇心，也能让其形成健全的友谊关系，使人格得到健康发展。同时，家长也可以鼓励孩子把同学带到家里，一方面有利于和孩子建立信任关系，另一方面也可以了解其交往圈子。

（2）对孩子进行恰当的异性教育。

家长可以加强与孩子之间的沟通，让孩子正确把握与异性交往的分寸，并且帮助孩子树立正确的人生观、世界观，建立其人生目标，避免其把时间和精力浪费在虚无的事情上，这是防止和纠正早恋行为的最有效的办法。

对异性不宜过分亲昵。失了分寸会让自己显得轻佻，引起异性的反感，而且也会造成不必要的误会；对异性也不宜过分冷淡。冷淡不仅会让对方受到心灵伤害，也易给人带来高傲、无礼、冷漠的感觉。更不能对异性同学轻视、爱理不理；对异性不宜过分拘谨。在与异性的交往中，要表现自然，该怎么样就怎么样，忸怩作态反而使人生厌。当然过分随便也不好，毕竟男女有别，有些话题只能在同性之间交谈，有些玩笑不宜在异性面前提起，这都是需要家长引导孩子注意的。

在对异性的交往中，家长要给孩子营造健康的环境、开放的机会，鼓励孩子与异性同学或朋友广泛接触，在与异性朋友的交往中要自然、坦率、大方。在这种健康的群体交往的过程中，既能消除孩子对异性的好奇感，又能在一定程度上防止其单独来往出现感情“迷失”的可能性，同时这不仅有利于他们社会交往能力的增强，也有利于各自心理的健康发展。

引导孩子建立健康、和谐的人际关系

无论在什么时候，那些拥有健康、和谐人际关系的人都是站在时代最前列的人，都是成功的宠儿。成功学大师卡耐基曾经说过，一个人的成功主要依靠的就是他的人际关系。所以，在孩子很小的时候就应该注意培养其建立健康、和谐人际关系的能力，有利于孩子未来的发展。

健康、和谐的人际关系，影响着孩子进入社会后的身心健康发展。如果孩子在社会化过程表现出任性、事事以自我为中心、不合群、霸道、有攻击性等行为，往往在团体中比较不受欢迎，很难有良好的人际关系互动。一旦孩子丧失了他人的信任感及安全感，爱与尊重的基本需求自然是无法得到满足，这样很容易引发他的情绪困扰，也有可能影响身体生理的健康，甚而影响人格发展与未来社会生活的适应。只有在与朋友、成人的友好交往中，孩子才能学会协调各种人际关系，对自己有正确地认识和评价，从而形成积极的情感，为将来正常地进入社会、更好地适应社会生活打下良好的基础。

在现代社会，健康、和谐的人际关系逐渐展现出在一个人走向成功时所起的重要作用。因此，引导孩子建立健康、和谐的人际关系是我们家长重要的责任。

周日的时候，几位朋友带着孩子过来玩。吃完饭，大人们在聊天，孩子们在一边做游戏玩，在游戏活动中，嘉颖小朋友在认真地搭建积木，她搭得非常的投入。

空闲时间，雨晨妈妈走过去欣赏她的作品，她自豪地说：“阿姨，看我搭的高楼，高楼下面还有树木和小花。”

雨晨妈妈认真欣赏并赞扬了她：“你真棒！”然而没多久，就听到嘉颖哭的声音，一起玩儿的几位小朋友跑来说：“阿姨，嘉颖她哭了。”

嘉颖妈妈询问原因：“怎么了？”

“她搭的房子被雨晨弄坏了。”来告状的小朋友着急地说。听到是自己女儿惹事了，雨晨妈妈走了过去，看到嘉颖原来搭好的积木已经撒在了桌面上，地上也有，高楼坍塌了，小树、小花也不见了。

这太让人生气了。雨晨妈妈气冲冲地对雨晨说：“你怎么把嘉颖辛辛苦苦搭建的高楼破坏了呢，你不能再玩游戏了。”听了雨晨妈妈的话，雨晨也很不高兴，自己闷闷不乐地坐在椅子上。

嘉颖妈妈哄好了嘉颖走过来说：“对孩子不能这么嚷，孩子们以后还要在一起玩儿呢，再说孩子们在一块儿玩难免会出现这种事情，不用太生气。”

嘉颖妈妈来到雨晨旁边，对她说：“雨晨，你看嘉颖花了很长的时间才搭出了那么高的楼房，却被你一下就破坏掉了，她心里会怎么样？”

“伤心、不高兴。”雨晨想了想小声说。

嘉颖妈妈又对她说：“你把她的房子弄坏了，这样做对不对呢？”

雨晨摇摇头说：“不对。”

“既然这么做不对，那你要怎么办呢？”

“我跟嘉颖道歉。”雨晨飞快走过去向嘉颖道歉。

嘉颖妈妈又问雨晨：“好了，你也道歉了，嘉颖也原谅你了，那你愿意帮嘉颖重新再搭一座高楼吗？”

雨晨高兴地点点头说：“我会的。”

于是，嘉颖和雨晨开始一起合作盖高楼。不久，她们又造好了一座新的高楼，比原来的还高，还漂亮。她们两个的脸上都露出了笑容。

嘉颖妈妈在嘉颖和雨晨的相处中，起到了引导的作用，让他们之间的人际关系变得和谐起来。有的时候，在孩子之间产生矛盾时，家长需要帮助孩子去解决与同伴之间的关系，让孩子懂得怎样去化解矛盾，怎样去和睦相处，让孩子之间相互理解、快乐相处，教会孩子在人际关系中学会宽容和原谅，让他们建立起健康、和谐的人际关系。

为了让孩子建立良好的人际关系，家长可以通过以下几方面去引导孩子：

首先，让孩子知道，要处理好同学间的关系必须坚持与人为善的交往原则。要“择其善者而从之，择其不善者而弃之”。还要告诫孩子，建立和发展人际关系时，要有所选择地进行，要考虑自己与交往对象相互需要是否对社会、对他人是有益的，如果是有益的，就采取积极态度；如果是有害的，就要坚决放弃。

其次，必须坚持尊重、理解、宽容、谦让的态度，善于运用“心理换位”思考。这样，不管孩子是在平常交往，还是在发生矛盾、产生冲突时，都能妥善处理好。在交往中，孩子们还能学会互相取长补短，提高人际交往能力及社会适应能力，养成良好的性格。

最后，学会真诚、懂得赞美别人。真诚是做人的基本要求，也是人际交往的基本原则，而一句简单的夸奖、一个简洁的赞美词语都会拉近人与人之间的心灵距离。还要学会主动和别人打招呼，一个平常的微笑、一句普通的问候，将能让人际关系更和谐，孩子之间的友谊更深。

在引导孩子拥有健康和谐的人际关系时，家长起到的是一个指引的作用，家长需要利用恰当的方式对孩子之间的人际关系进行调整，让其建立一个良好和谐的人际关系，培养其美好心灵，帮助孩子们健康快乐成长。

第十章
聚焦专注能力：训练孩子的注意力与专注力

性格太活跃的人专注力差，性格安静的人专注力会好一些，尽管人们普遍这么认为，不过两者之间并没有直接的因果关系。值得注意的是，专注力并非一成不变，我们完全可以通过有针对性的训练强化孩子的注意力和专注力。

专注是成功人士的必备品质

所谓专注，是指能把视觉、听觉、触觉等感官集中在某一事物上，达到认识该事物的目的。专注是人类身上最珍贵的品质之一，养成专注的好习惯很重要，尤其是对孩子。专注是一切学习的开始，是孩子最基本的适应环境的能力。“书痴者文必工，艺痴者技心良”。有专注力的孩子，学习及做事都能事半功倍，同时也因为专心投入的关系，就能处理更多有难度的事情，将来才能成就更好的事业。若等到孩子长大了，一切都养成了习惯，则很难再纠正过来！

一个人的成功离不开专注力，在世界上有太多的成功者资质平平，才华也不突出，但最终他们所取得的成就超出了自身实际的能力，这就是因为他们拥有其他人所不具备的专注精神。专注是一个人学习和做事能否成功的关键，对人的一生都是至关重要的。古罗马政治家西塞罗就曾经说过：“任凭怎么脆弱的人，只要把全部的精力全部倾注在惟一的目的上，必能有所成就。”

沃伦·巴菲特认为，人一生中最重要的品质就是专注，而且他也是这么做的。他几乎从不关注商业意外的任何事情，只专注于自己钟爱的事业，甚至在好友的客房里住了三十年，都没有注意到其浴室中挂着一幅毕加索的真迹，最终成就了“股神”这个名号，成为全球著名的投资商。这足以说明了专注对于一个人成功的重要性。

专注意味着效率，意味着一种习惯。养成好的专注习惯，孩子做任何事情都能展现出其专注力、恒心、态度积极、有效率的表现，而没有专注力的孩子，容易分心，抓不到专心的方法，做事经常拖拖拉拉。当老师说："给大家三十分钟时间，把这一篇课文抄一遍。"已经养成专心习惯的孩子就会停止和别人聊天，赶快拿出本子专心抄课文。而缺乏专心习惯的孩子表现出来的行为就会完全不一样，虽然拿出本子抄课文，但一会儿东看看西望望，一会儿摸摸这个碰碰那个，很容易受旁边的事物所影响，没有时间概念。最后的结果当然是：专注的孩子很快就在规定时间内完成了老师交代的作业，而不专注的孩子则可能因为无法在规定时间内完成功课受到老师批评。

静静是小学三年级的学生，每次放学回家，她要做的第一件事就是写作业。一开始由于贪玩，静静写作业并不专心，经常写一会儿就放下笔，不是玩一会儿玩具，就是摆弄文具盒里的东西，玩够了再去接着写作业。由于不专心，静静作业本上的字迹不仅潦草，而且还有很多的错别字。妈妈发现后，严厉批评静静做事不认真、不专心，然后要求她将作业全部撕掉，重新再写。

妈妈语重心长的教育静静："不管做什么事都要专心致志、一心一意，这样才能有好的成绩。"静静也发现由于自己的不专心，导致自己去重新写作业，浪费了不少时间不说，还让自己很累、很烦，因此决定改掉这个坏毛病。

以后，静静再放学回家写作业，不再关注其他的事情，专注写自己的作业。慢慢地，静静的作业写得又快又好，成绩也提高了，连老师都多次表扬了她。

静静听了妈妈的话，改掉了自己不专注写作业的坏毛病，才有了好成绩。不是所有的孩子都是天才，只要他能拥有良好的专注力，那么，无论是学习还是生活，他都能够做到专心致志，保证将一件事完整且准确地做完，这对孩子来说是一种财富。

专注力不仅仅是一种行为上的习惯，更是一种善于思维的习惯。良好的专注力，可以给孩子带来以下好处：

（1）提高孩子的思维能力。

当孩子专注于某件事情的时候，他们就会积极地去探索未知的东西，努力寻找解决问题的方法。比如，喜欢搭积木的孩子更容易掌握组合与分解的知识技巧，可以提高他的数学思维能力。

（2）提高孩子的学习兴趣。

良好的专注力能让孩子更好地进入学习状态，更有效地获取及消化知识，让孩子感觉学习并不是一件很痛苦的事情，从而喜欢学习。当孩子对学习产生兴趣的时候，就算遇到困难也能够迎难而上，有信心解决它。

（3）可以锻炼孩子的毅力。

当孩子专注于某件玩具并长时间摆弄时，在不知不觉间也锻炼了他的恒心和毅力。专注于游戏中，不仅能帮助孩子克服散漫的习惯，还能够沉着冷静地处理问题，形成沉着稳定的心理素质。

（4）引导孩子深入思考问题。

当孩子专注于某件事时，能深入地思考问题。比如在搭积木时，一开始孩子可能只会简单地搭高，在不断的研究下，他会试着往左右搭或组成新的图形。

（5）给孩子带来自信心。

好的专注习惯，让孩子做什么事情都能游刃有余，事半功倍，也更容易带来好的成绩，给孩子带来极强的自信心，在任何困难面前都不会退缩。

要想让孩子在以后的学习和生活中取得好的成就，就要从小培养他的专注力，这是家长们在教育孩子中需要高度重视的问题。孩子不爱学习、坐不住、爱打爱闹，都是专注力差的表现，引导孩子向好的方向发展，就要学会培养孩子的专注力，这在孩子的成长中显得非常重要。

学习注意力差不等于注意力障碍

经常会听到家长们在抱怨自己的孩子学习注意力差，精神不集中。那么注意力是什么呢？俄罗斯教育家乌申斯基曾精辟地指出：“‘注意’是我们心灵的惟一门户，意识中的一切，必然都要经过它才能进来。”所以，注意力是指人对一定事物指向和集中的能力，它在各种认识活动中起着主导作用。比如，“注意听”指听觉对声音的指向和集中；“注意看”指视觉对所观察的事物的指向和集中；“注意想”指思维活动对有关问题的指向和集中。孩子们不管做什么事，只有高度集中注意力，专心致志，学习才能事半功倍

在课堂上，经常遇到这样的情况：有的学生上课听课、学习注意力集中、专心致志，从不受任何干扰，对老师提问的问题能做到对答如流。有一些学生上课就没那么专注，经常在课堂上搞小动作、讲悄悄话、传小纸条……还有一些学生上课看似在认真听讲，实际上在走神儿，人在教室里坐着心却不知道飘哪儿去了，当老师提问他时，才如梦初醒；有的学生做作业、看书总是静不下心来，总要弄一些“玩”的小插曲，结果作业时间长，差错也不少。屡教不改后，家长们就开始担心自己的孩子是不是有注意力障碍了，是不是哪儿出毛病了，孩子怎么就改不了注意力差这个毛病呢……

其实学习注意力差与注意力障碍是有区别的：学习注意力差，主要

是指孩子在学习时注意力不集中，在听、说、读、写、算等学习能力方面落后，这样的孩子除了学习不好外，其他方面都是正常的，甚至是优秀的。他们在生活中能很好地适应环境，在涉及到的人际关系和日常生活习惯上也没有什么问题，能够独立生活，管好自己；而患有注意力障碍的孩子则缺乏自控能力，无论是学习还是体育活动（游戏除外），都不能集中注意力，常常不在状态，就连在交往、独立生活（如按时起床或按时睡觉等）方面也有困难。表现在，经常对大人的话不在意，别人跟他讲话，心不在焉。喜欢动东西， 但在学习时表现不出兴奋。这种孩子的最大特点是幼稚，没有时间感，只能注意一个方面，而不能注意事物的整体，所以，在学习和生活方面出现障碍。

并不是所有注意力不能集中的孩子都属于注意力有障碍，如果孩子只是涉及某一具体的学习任务时注意力不集中，很可能只是学习注意力差，而不是有注意力障碍。

自从上了小学，妈妈发现女儿在学习上总是粗心大意、上课无法集中精力听课。比如，考试的时候，比较难的附加题都能做对，却单单在简单的计算题上犯错误，不是看错了题意，就是少写了小数点。每当妈妈说女儿不认真的时候，她都会这样解释：“这道题我会做，只是没有注意到！”虽然妈妈一再提醒她：“做事要细心，注意力集中点儿，做完作业、考完试、做完事，必须要认真检查一遍。”但是却一直不见成效。妈妈感到很困惑，明明孩子在生活中不是这么粗心的孩子，为什么一涉及到学习上就是这么不认真呢？是不是有注意力障碍呢？

女儿之所以会这样，很可能与她学习注意力的集中程度有关。心理学研究表明：如果孩子在学习中不能集中精力，或者集中的时间不够长，那么他的大脑在筛选、分析看到的信息时，就会受到干扰，信息就会出现差错或遗漏，导致学习粗心大意。所以，这位妈妈需要做的是训练女儿的注意力，让她在学习中能够集中注意力，相信女孩会慢慢地改变这种状况。

注意力的培养不是一朝一夕的事情，在培养孩子良好注意品质的过程中我们要注意以下几点问题：

首先，对待孩子，家长要转变自己的态度，要有耐心和爱心，把孩子的注意力不集中当作一种心理问题来看待，而不是当作性格和意志上的缺陷。

其次，给孩子学习提供相对一个安静的学习环境。在做作业时，家长要尽量保持安静，避免打扰孩子，可以关上屋子的窗帘，关闭电视或收音机，给孩子一个良好的学习环境。在孩子学习时，家长不要大声说话，否则会影响到孩子的大脑思维，无法集中精力。

最后，给孩子买一些内容活泼，字迹大一些的复习书。孩子最容易被吸引，书中的大字或活泼的内容会吸引孩子，让其读书的时间更长一些。

孩子注意力集中时间的长短，取决于孩子的年龄、性格和其他个性。例如，五六岁的孩子，其注意力只能维持 15 分钟左右。而八九岁的孩子则可以维持半小时左右。所以，孩子出现忽略细节、粗心的现象虽然很正常，但是如果不及时纠正这个弱点，就很可能会给他日后的生活和学习带来不良影响，因此家长要认真对待这个问题，有意识地去训练孩子的注意力。

专注力训练：有效解决注意力不集中

孩子常常会出现这样的行为：上课走神，喜欢东张西望，小动作频繁；写作业磨磨蹭蹭，边写边玩；做事三心二意，动不动就被周围的声音或事物吸引……这是注意力不集中的表现。如果不采取措施及时纠正，久而久之就会养成一种坏习惯，对任何事物都难以进行深入的思考。注意力不集中会给孩子的学习和生活带来很大的负面影响，这对于孩子的学习、成才都会带来极大的不利影响。良好的注意力是孩子未来取得成就的有力保障。

注意力不是天生的，它需要后天的培养。当孩子的注意力得不到保护，总是被破坏时，注意力就会慢慢涣散，所以，请让孩子专心地做完他手头的事情。当孩子在做他自己喜欢的事情时，注意力是最集中的时候。

大多数家长都会有孩子注意力不集中的困扰，让他们焦虑头疼不已，不知道如何去教育。甚至还有的家长采取一些不正确的方式去教育方式，如打、骂等，结果并不理想。关于训练孩子的注意力，作为家长一定要学会用适当的方法，合理地引导孩子往自己期待的正确方向上走。

牛牛今年上小学三年级，从小到大邻居们都夸他非常聪明。可妈妈发现，牛牛除了玩游戏和看电视以外，做其他的事情都很难坚持较长的时间，特别容易分心，很少看见他能安安静静地去做完一件事情。而且，在学校老师也经常批评牛牛，说他在课堂上爱说话、小动作多，注意力不集中，弄得老师上课也不安心。为此，妈妈给牛牛报了很多训练班，依然没有让他改掉这些好动的毛病。

牛牛的问题，在很多孩子身上都出现过。有许多孩子家长也苦恼自己的孩子不能注意力集中，无法专注地做好一件事，学习上总是粗心大意，不知道怎么教育孩子才能纠正这个不好的习惯。家长们该如何训练孩子的注意力呢?

（1）坚持看一个节目。

当孩子看电视时，要求孩子每天只能看一个节目，不能总是切换频道，不断更换频道，容易让注意力涣散。

（2）听孩子说完。

当孩子兴致勃勃跟你说话时，要认真倾听，让孩子把话说完，不要随意打断孩子的话。

（3）合理安排孩子写作业和活动的时间。

对孩子来说他们的精力有限，不能长时间地集中精神做一件事，所以要合理安排时间，孩子写累了就让他休息一会儿再写。

（4）改定时为定量。

有的孩子在家长规定的时间内写完了作业，却又被家长安排别的课外作业，这样孩子就会产生逆反心理，反正早写也不能玩儿，还不如慢慢地写，拖到睡觉的时间。

（5）尽量减少对孩子的唠叨和训斥。

父母的态度对孩子注意力的影响是巨大的，父母一定要注意自己的语言艺术，即使孩子注意力不集中，家长也不要总是把这句话挂在嘴边，要把斥责变为鼓励，将批评变成表扬，鼓励是让孩子集中注意力更好、更有效的办法。

（6）营造一个集中注意力的环境。

在日常生活中，家长经常给孩子买很多的玩具和书籍，太多的书籍和玩具只会让孩子注意力涣散。孩子往往是这本书翻两页，那本书翻两页，玩具也是，一会儿玩这个，一会儿玩那个，让孩子无法专心。

（7）放磁带，听故事。

给孩子放录音故事磁带，让孩子专门听故事，而不是放 VCD、DCD。因为前者只需要听，而后者又听又看。当单独运用一种感官刺激时，特别是听觉，更有利于培养孩子专心的能力。

（8）家长不要干扰孩子的注意力。

孩子玩游戏的时候，千万不要打扰。如果家长在这时打断孩子，或者训斥孩子的行为，就会伤害孩子的自尊心和积极性。这样的事情多发生几次，孩子就会慢慢地对周围的事物失去兴趣，做事情也就无法集中注意力。

（9）陪孩子玩注意力比较集中的游戏。

比如，藏起某个东西，让孩子找找什么东西少了；手中不断变换的扑克牌中，盯住某张牌；在盘子里放一大堆黄豆，让孩子找出混在其中的豌豆等等。

（10）陪孩子做注意力训练。

父母可以找一些有关注意力训练的书，让孩子做注意力训练的题。如找不同、比大小、拼图、记数字、比对图形等，在娱乐中训练孩子的注意力。

注意力集中是一种习惯，而习惯要从小养成，抓得越早，后面的效果就越好。面对孩子注意力不集中的问题，家长一定要有足够的耐心，帮孩子分析原因并给予恰当地引导。当家长发现孩子注意力不够的时候，就要想出办法来训练其注意力。“教育是慢的艺术！”家长浓浓的爱、足够的耐心与恰当的引导，能够陪伴他们去投入长时间的精力完成一件事情。

有时，只是你以为孩子专注力不好

家长希望自己的孩子不管是学习还是做事都能专注，但常常事与愿违：孩子总是心不在焉、三心二意，无法把全部注意力集中在某一件事情上。针对孩子的这种情况，大部分家长都觉得是孩子不听话、不懂事，甚至认为孩子的性格问题，于是便劈头盖脸地责备、抱怨其不能专心学习或做事。

然而，事情的真相是，家长们以为的孩子专注力不好，一方面是因为家长在旁边“捣乱”，家长对孩子的教育方式不恰当。很多生活细节，我们看似平常，却对孩子的专注力有很大的影响，比如要交代孩子做某件事情，总会反复说好几遍，就怕他记不住；孩子正在做某件事情，我们会在一旁不停地提醒、指导他等等。这样做很容易导致孩子无法集中注意力。

亮亮在家写作业，谁知写到一半的时候，妈妈突然过来查看，亮亮心里顿时变得紧张起来，生怕有错题被妈妈发现。果不其然，妈妈生气地指着数学本上的习题说：“写作业不带脑子啊，看这个，抄题都会抄错，还有这个，6÷3=3？上课有没有认真听讲，心跑哪儿去了……”

亮亮听到妈妈的训斥，赶紧放下手里的语文作业，回过头来想改正妈妈指出的那些个错题，却一时不知道该怎么做，呆了半天才反应过来。迅速将之前写错的习题改正过来后，当亮亮又回到之前的语文作业上时，发现自己不知道该怎么去写，完全找不到刚才的思路继续下去了。

他烦躁地扔下了笔，拿起了旁边的玩具玩了起来。结果，等到睡觉的时候，亮亮的作业还没有完成，又惹妈妈一通教训。

亮亮的这种情况很常见，家长经常在孩子做作业的时候随便打断，自以为是在帮助孩子，其实是在破坏孩子的专注力。孩子做作业时，思路是一个连续的过程，注意力也是集中而连续的，如果家长贸然将孩子的思路强制中断，就会严重影响孩子的注意力。

所以，在孩子写作业或者是专注做一件事情的时候，请保持沉默。对于过程中所出现的错误或不合理之处，只要不危及安危，家长完全可以等孩子结束了之后再对他进行提醒和询问等。

另一方面是家长的浮躁心理，不管孩子自身的兴趣，只想让孩子掌握各种特长、各种技能，好以后能在社会上有立足之地，却忽略了一个人的精力有限，更何况是孩子？要学的东西那么多，哪儿有充足的精力？造成孩子专注力不好，哪一门也没能学精。

并非孩子在所有的事情上都表现为注意力不集中。孩子的注意力不集中是具有选择性的，与孩子的兴趣有很大关系。随着孩子的不断成长，逐渐对一些新鲜事物表现出浓厚的兴趣，在做自己感兴趣的事情时，他的注意力就会更集中、更稳定、更持久。这时，家长应该及时予以尊重和鼓励，这样孩子才会有被认可的感觉，才会专注于自己感兴趣的事物，慢慢地会使自身的注意力得到提升。

孩子只有做自己想做的事情才会集中注意力，也才会将事情做好。可见，孩子的注意力在一定程度上直接受其兴趣的影响和控制。家长在了解到孩子的兴趣后，可以先引导孩子做一些孩子感兴趣的事情，逐渐集中孩子的注意力，然后再让孩子全身心投入到一项任务中去。

知之者不如好之者，好之者不如乐之者。在学习认知方面，如果孩子有需求，作为家长应该支持孩子的想法，而不是由家长做定夺，让孩子做什么。比如，孩子喜欢恐龙，家长完全可以带孩子去自然博物馆观看恐龙化石，了解恐龙知识，或者到图书馆为他借一些动物画册，适当的时候还可以买一些模型玩具，陪孩子在家里上演“侏罗纪大战”。托尔斯泰说过：“成功的教学所需要的不是强制，而是激发学生兴趣。”兴趣是产生和保持注意力的主要条件，一旦孩子对学习有了兴趣，便能在日常学习中全神贯注，集中注意力去学习。

家长要懂得鼓励孩子去完整地完成一件事情，让孩子尽可能多地接触外界事物，并且给他足够的时间去探索和发现。没有一个人天生就能有很强的专注力，不管成人还是孩子。孩子专注的力量，来自于父母耐心的肯定和鼓励，不要因为孩子迷恋一些冷僻的知识而感到失望或担忧，可能这种独一无二的爱好恰恰能维持得更持久。

当然，家长对孩子的支持应该是有选择性的，而不是盲目的，不是孩子所有的想法都必须给予支援，家长支持孩子要有灵活的思路，在确定不会对孩子的以后产生不好的影响下去支持孩子的兴趣想法。

时间管理训练：培养孩子的时间观念

随着孩子自理能力的发展，一些磨蹭、拖拉等坏习惯也出现了。不少家长发现：孩子做事情总是拖拖拉拉的，喜欢磨蹭，半个小时就能完成的作业，他需要两个小时；每天晚上玩到很晚才睡觉，早晨又喜欢赖床，导致上课经常迟到。

这是因为孩子缺乏时间观念，导致他做事没有效率，经常拖延。从思想上看，缺乏时间观念的孩子没有追求效率的意识，完成任务的紧迫感不强，总想着今天做不完明天再接着做，明日复明日。这样的孩子在学习上也是充满惰性，成绩自然不如别人。前苏联教育家苏霍姆林斯基说：“要学会强迫自己天天读书，不要把今天的工作搁到明天。今天丢弃的东西，明天怎么也补不上了。”所以，培养孩子珍惜时间的良好习惯，对于孩子的成长是非常重要的。

守时、惜时的孩子，往往心智的成熟程度较高。在日常生活中，家长要有意识地培养孩子健康规律的生活习惯，懂得什么时间应该做什么事情，什么时间不应该做什么事情，使一天的生活富有规律性，保证有充足的体力和精力来面对学习和生活。比如该写作业时一定要认真写，写完后收拾利索才能去看电视和玩。这种良好的时间观念才能有助于孩子的健康成长。

自从上了小学，妈妈发现儿子做事、学习都非常磨蹭，本来没有多少作业，却拖拖拉拉写到很晚，说了多少次也不管用，惹得妈妈又气又急。

后来，妈妈想了一个办法。她跟儿子约定，以后做作业的时间只有半小时，到时间就准备睡觉。当妈妈把闹钟上好的同时，儿子开始做作业。等到半小时后，闹钟响起来，儿子还有两行生字没写完。儿子乞求妈妈再给他五分钟的时间，但妈妈毫不犹豫地说："我们规定的时间到了，收拾好东西，准备洗漱睡觉。"

第二天，妈妈把儿子没做完作业的原因告诉了老师，老师也十分支持妈妈。等到这天晚上，妈妈刚定好闹钟，儿子就立马抓紧时间写作业，不敢再开小差，居然顺利地在半小时内做完了作业。从这以后，儿子做作业的速度和质量都提高了。令人欣慰的是，在做其他事情的时候，儿子也都会有意识地给自己设定一个时限，有时间、有计划地去做。

可见，培养孩子拥有时间观念，对他的影响不止在学习上能自律，在生活中做其他事情也能自觉遵守时间。没有时间概念的孩子，很少要求自己何时何地完成什么，这样会导致孩子做事没有条理，学习没有计划。在人生的道路上，做事没有条理、没有计划的孩子将会比其他人走得更辛苦。

面对那些时间观念淡薄，做事磨磨蹭蹭，不管是吃饭还是做作业，都要慢上半拍的孩子，我们应该怎样帮助孩子珍惜时间、提高做事效率呢？

方法一：制定严格的时间表。

家长与孩子商量好做作业的时间和休息的时间，制定好时间表后就必须要执行。比如早晨 6 点到 8 点，大脑清醒，思维灵活，是学习的黄金时间；晚上 6 点到 10 点，回顾今天所学，并完成作业。刚开始孩子可能对时间把握不好，家长可以时不时提醒，比如说已经几点了、还剩多少分钟等，这样做使孩子具有一定的紧迫感，加强了注意力，最终使其学习效果得以提高。

方法二：给孩子建立干净和安静的环境。

孩子的注意力容易被分散，做事经常三心二意，耗费时间。在书桌上尽量不放平日他最感兴趣的非学习用品以免分心。另外，在孩子学习的时候，家中不要有过多的噪声，如大声吵架、看肥皂剧等，给孩子提供相对安静的学习环境。当环境是干净并安静时，孩子比较能集中注意力，久了就养成习惯了。

方法三：帮助孩子养成按计划做事的习惯。

帮孩子制定合理的学习计划，并要求孩子按计划完成任务。比如，所有作业必须在规定的时间完成。引导孩子有计划地学习和做事，使得其在学习、做事中不再拖延。

方法四：给孩子一些自由支配的时间。

让孩子试着去规划做事的时间，把需要完成的学习任务进行一个时间预计。如果孩子在计划好的时间内完成了，剩下的时间可以让孩子自由支配，这样孩子会抓紧时间完成作业，因为早写完就可以有更多的时间做自己想做的事情了。

父母教育孩子树立起时间观念，不仅要教给孩子高效地利用时间的方法，还要让孩子正确认识时间的价值，这样才能引导孩子养成拥有时间观念的好习惯。当孩子按规定去做取得初步成效时，家长应该及时给予肯定和奖励，这种奖励应以精神奖励为主，必要时也可用物质奖励。另外，家长和孩子也要相互监督，不管是谁，没有遵守时间，就应该受到应有的惩罚。最重要的是，不管是惩罚还是奖励，都应该及时兑现。

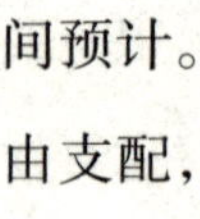

做事不能贪多，一次只做一件事

歌德说：“一个人不能同时骑两匹马，骑上这匹，就会丢掉那匹。

聪明人会把分散精神的要求置之度外，一次只专心致志地做一件事，做一件事就把它做好。”因为，人的注意力是有限的，分配在不同的事情上面，就会严重消耗注意力。尤其是孩子，他的注意力正在发展过程中，同时进行多件事情，会损害注意的有效集中。现实生活中我们经常会看到一些孩子做事三心二意不能坚持到底，即使头脑较聪明的孩子也难有好的成绩。这主要是因为他们不能一次只做一件事，或者是在做一件事的时候还有其他的东西在诱惑他，所以无法专心。

心理学家曾做过这样一个实验：让接受试验的孩子们分别一次只做一件事和一次做两件事。发现最终结果差别很大，前者有90%以上的孩子把指定的一件事做好，而后者几乎没有人能同时把两件事都做好。所以，一次只做一件事是培养好学生专注力，提高其做事效率的有效方式。

培养孩子一次只做一件事不仅对其形成健康人格具有重要的作用，而且对于发展孩子的认识能力也具有十分重要的意义。懂得一次只做一件事的孩子能够最大限度地把自己的精力投入到一件事里，达到认识客观事物的目的，获得知识，发展智力。

在美术课上，老师请孩子们在纸上画一条良种颜色间隔的马赛克鱼。只见程菲很快就画好了小鱼的外轮廓线，和鱼身上的小格子图案，但是进行到要给小鱼涂两种颜色时，她就坐不住了。这个颜色涂一下，那个颜色涂一下，一会儿就溜号了，不是看看别的小朋友画到哪儿了，就是玩自己的蜡笔，有些不想再画了。于是，老师走过来，教她在小鱼身上涂一种颜色，涂一隔空一格，等涂完这个颜色再换另一个颜色，这样画得更快一些。老师让程菲自己试一下，可是由于格子太小画起来要很仔细，他很快又有些不耐烦了。

老师就鼓励他说：“你已经画了这么多了，现在就剩下涂颜色了，而且都已经涂一半了，再坚持几分钟，这条小鱼就能穿上漂亮的花裙子了。”

最终，程菲还是坚持了下来，画出了一条美丽的马赛克鱼，她很高兴地拿给老师和其他小朋友看，老师表扬她能不怕困难坚持到底。其他小朋友也夸她画的漂亮，程菲高兴极了。

为马赛克鱼同时涂两种颜色，给程菲带来了不小的困扰，不能集中精力，导致她没有耐心，无法很好地完成这件事，幸亏有老师指引，才成功了。从这我们可以看出，同时完成很多事，容易造成孩子的内在混乱。在孩子做事情的时候，要正确引导孩子一次只做一件事，哪怕是孩子玩玩具，也要一次只玩一个玩具。一次只做一件事，目标很明显，孩子自然会安排如何去做，也更有信心去完成，注意力集中的状况便大有改善。

要想孩子改变浮躁的做事态度，一次集中精力只做一件事，家长应该做到以下几个方面：

（1）建议孩子合理安排作业顺序。

心理学研究指出，一般在孩子学习开始的几分钟，效率比较低，随后开始上升，到15分钟后达到顶峰，这个时候注意力比较集中。根据这一规律，家长可以让孩子在开始的时候做一些比较简单的作业，等做完后，再在注意力比较集中的时间段里做比较难的作业。这样，孩子不仅能很好地培养注意力，学习效率也得到了提高。

（2）增强孩子的耐心。

对孩子来说，自觉性和坚持性是与他们的耐心相联系的。若想让孩子能够专注地一次做一件事情，家长还需要培养孩子的耐心。有耐心的孩子，能够专注在一件事上，办事能力也会比较强。在日常生活中，当孩子表现出缺乏耐力时，同时也是培养耐心的最好时机。作为父母，应该抓住机会与孩子做几个能够吸引他注意力的游戏，引导孩子增加耐性。

（3）从小培养及督促。

在孩子有自己的理解能力后，家长就应该逐步培养孩子学会正确认识和判断自己行为适宜度，让孩子明白，在什么时间做什么事情。从小教育孩子，不管做任何事情，都应该一心一意，坚持到底，不能三心二意，到头来一件事也没完成。只有集中注意力做一件事情，才能把事情做好。比如，家长可以给孩子讲讲《小猫钓鱼》等故事，来教育、启发孩子。

（4）避免同时做两件或两件以上的事情。

让孩子一次只做一件事情，或者可以分清主次，做完一件事再做另一件事。让孩子认真地去做一件事，就能让他很好地关注自己手头的工作，提高办事效率，同时也能让孩子建立轻松愉快的心情，在自己的成就中快乐地完成任务。

（5）家长做出榜样。

某个学校曾做过这样一个试验：在课堂上，老师给同学们看有关妈妈耐心做一件事情的录像。结果，这部分的孩子比没有看过录像的孩子更能专心致志地画画或者写作业。

可见，家长是孩子的最好榜样，如果家长能一次只专心做好一件事情，那么，孩子也将会模仿家长，做事态度也会慢慢变得不再浮躁。

为了不让孩子成为只会要小聪明的人，不让孩子空有智慧而不懂的运用，不让孩子长大后成为一个做事不会抓住重点一事无成的人，家长们从现在起，认真地陪孩子做好一件事，不贪心不焦躁，给孩子一个安静的空间。

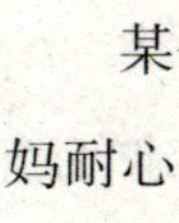

专注+毅力+勤奋=完美性格

在孩子的成长过程中，家长发现孩子在日常生活、玩耍、游戏、学习中多表现出一些相对稳定的特点，比如有的孩子比较合群、懂得忍让；有的孩子比较任性、自私；有的孩子比较勇敢、大胆；有的孩子比较懦弱、胆怯；有的孩子能独立做事；有的孩子必须依赖于家长……孩子们在生活和活动中表现出来的这些特点，就是心理学上所说的性格。

有什么样的性格，就有什么样的人生，一个人的事业、家庭、人际关系与身心健康，都取决于性格。英国著名心理学家 Reade（李得）曾说过："播下你的良好行为，你就能拥有良好的习惯；播下你的良好习惯，你就能拥有良好的性格；播下你的良好性格，你就能收获良好的命运。"所以说，孩子可以没有良好的天赋，但不可缺乏良好的性格，性格是关乎孩子人生成败的重要因素。

如今的社会，给孩子带来了更多更难的挑战。但目前，他们缺乏自主学习的能力，控制自我情绪和处理事情的能力也比较差，碰到困难遇见挫折容易泄气、消沉。而有的孩子更是没有社交能力，比较孤僻、容易冲动。作为家长需要高度重视培养孩子的良好性格，让孩子构建自己健康的人格状态，最终形成自我。这是父母送给孩子的最珍贵的礼物。

为了孩子的未来，父母要培养孩子哪些良好的性格呢?

首先，要培养孩子的专注力。

对于孩子来说，克服三心二意的坏毛病，培养其专注的性格是很重要的。不称职的父母所犯下的最大错误，就是让孩子把宝贵的精力分散到许多不同的事情上。要知道孩子的时间有限、能力有限、精力有限，想要什么都学会是不可能的，比如今天学跳舞，明天弹钢琴，到头来什么都没有学会。

没有专注力的孩子做什么事都没有长久的耐心，遇到困难就会退缩。而专注的孩子，能够把自己的时间精力和智慧都运用到所做的事情上，能最大限度地发挥积极性、主动性和创造性，在遇到诱惑、挫折的时候，能够坚持下去，勇往直前，努力实现自己的目标。专注的孩子即使是玩也能玩得专心，全身心地投入到玩耍中，得到最大的快乐和收获。

因此，父母要努力培养和鼓励孩子集中精力做好某一件事。

其次，要培养孩子的坚强毅力。

毅力也称意志力或坚持力。它是指在明确学习目的情况下，克服和排除学习中的内外困难和干扰，以顽强的意志完成学习任务的品质，是成才者必备的最重要品质之一。爱因斯坦说过："优秀的性格和钢铁般的意志比智慧和博学更为重要。"有一些孩子非常聪明，智商也不低，学习成绩却不理想，其中一个重要原因是缺乏一定的毅力。

在每个学期开始之时，爸爸妈妈都会要求嘉嘉给自己的新学期制定一个学习计划。而嘉嘉在最初的几天能遵照计划去学习，到后来就慢慢地变松懈了，甚至不到一个月就完全放弃了自己的学习计划。在上课的时候，她也是只能在前二十分钟专心，后二十分钟就无法继续坚持；在写作文的时候，前半部分写的还可以，到后半部分不仅思路变得没有逻辑，就连字迹也潦草凌乱；做作业一遇到不会的问题就打退堂鼓。对此，爸爸妈妈很是头疼，怎么嘉嘉什么都做不好呢？

嘉嘉做事缺乏毅力，才什么都做不好。所以，孩子要想拥有成就，就需要有坚强的毅力，只有对目标的坚持不懈，才能实现目标。在生活中父母必须重视培养孩子坚强的毅力。

最后，要培养孩子的勤奋努力。

俗话说，勤能补拙。即使一个人比别人笨拙，只要他勤奋努力，必有好成绩。如果孩子第一次做不好，只要勤于练习，多次之后就能掌握做好这件事的窍门。当孩子具有做好一件事的能力的时候，他就有了一定的成功的满足感，进而增加了他的自尊、自信。勤奋能够让事情向着积极的方向发展，只要孩子能够勤于做事、坚持不懈，在与同学竞争的时候，就能够战胜别人，就会使自己变得非常自信。

“爱其子，则为之计深远”，为了给孩子的终生事业奠基，家长们应从小培养孩子勤奋的品质。

只有孩子在学习和做事时能够集中精神专注于此，在遇到困难或挫折的时候能够凭借毅力冲过去，无论干什么都能勤勤奋奋，就没有解决不了的事，成功也是水到渠成。拥有专注力、毅力、勤奋的孩子，其性格就趋于完美。完美的性格在孩子的成长过程中，就好比是钢筋，而智慧则是浇筑的混泥土。如果没有钢筋的支撑，再多的混泥土也建不起高楼大厦。因而，让孩子成就一生最重要的条件就是专注力 + 毅力 + 勤奋。

第十一章 培养包容心态：豁达也是完美性格的一部分

没人愿意和斤斤计较、爱记仇的人交朋友，如果你不想让自己的孩子成为光杆司令、孤家寡人，那么从现在开始，引导孩子懂得豁达、学会包容吧！

小测试：看看孩子的豁达指数

作为家长的我们，一直关心的问题就是培养孩子一个良好的性格了。其中，豁达是孩子成长中一个必备的性格品质，它对于孩子日后生活具有至关重要的作用。那么，我们需要明白到底什么是豁达呢？你的孩子具备豁达的性格品质吗？

其实，豁达是指在与别人相处中，在人际交往中，在面对人生逆境中一种宽容、大度的心态。豁达的人能够时刻保持乐观，积极向上的心态，不会只盯着人的短处，会把自己的眼光放远，不计较眼前利益的得失。

在生活中，通过观察，可以从孩子的语言、性格表现上、与人交往的艺术上窥探孩子是否具有豁达的心态：观察你的孩子的性格品质时，需要从以下两个方面去观察，一是孩子面临自己的问题时所持有的人生态度，二是在人际交往中的行为表现。

其中，孩子在面临自己的问题时所持有的人生态度，主要有以下几方面：

（1）自己能够独立，不处处依赖父母。

现在社会中主要是独生子女为主，大多数孩子都是在充满溺爱的环境下生长，几乎所有的事情都被家长包办，没有遇到过生活的风浪，父母早已为孩子准备好了一切。

作为家长的我们，要在生活中培养孩子的独立性格，从上幼儿园起就要培养孩子自理能力，争取做到自己的事情自己做。这样的话，孩子在处理自己的问题时，能够逐渐体验到成功的喜悦，为自己感到自豪，长而久之，孩子遇到问题时首先会想办法自己解决问题，而不是寻求父母的帮助。这样的孩子才能够在生活种拥有自信、豁达的心态。

（2）面对困境，拥有积极的心态。

面对困境，能够积极地想办法解决问题也是孩子“豁达”心态的一部分。对于人生的态度是从小时候就开始形成的，父母要拥有一颗敏锐的心去观察孩子、培养孩子。

你可以回想一下，在孩子的成长过程中，遇到的各种问题你的孩子是怎样表现的。当他不小心摔倒时你是否第一时间去安慰他，而不是让他自己站起来重新迈步？当他搭积木时一次又一次的不成功，你是否看到他会放弃？当他考试时遇到难题时，是否会自暴自弃不愿意正视每一道难题？这些行为表现都是他对于人生态度的展现。这些都是他是否具有豁达心态的行为表现，我们要及时观察孩子，要用自己的语言诱导、行为示范来教育孩子，面对一次又一次的难题时应该拥有什么样的心态。

孩子的生活大部分是处在一个大环境中，在与人交往中可以看出孩子的豁达指数到底有多少。

（1）尊敬父母和长辈，不抱怨生活。

孩子对于家长的态度、对于长辈的态度就是他性格的完美诠释。自古以来，尊老爱幼是中华民族的传统美德，孩子对待父母的态度就暗含着对待他人的态度。试想一下一个不懂得感恩、体会不到父母辛苦的孩子怎样能够做到关心他人、包容他人呢？

在生活中，父母就是孩子的榜样，父母对待他人、待人接物的方式直接影响着孩子的交际。比如观察孩子是否懂得感恩。当你每一次为孩子买衣服，当你每一次为孩子做好可口的饭菜，当你每一次为孩子洗衣服，当你每一次为孩子悄悄地准备好了一切时，你应该细心观察孩子们是否懂得感恩，是否也在尝试着以自己的方式把同样的爱回馈给父母。

（2）能与同伴和谐相处。

同伴关系的处理对于孩子成长具有非常重要的作用。有关研究表明，孩子成绩的好坏也受到孩子与人交往好坏的影响。其实，成绩固然重要，我们在关注孩子成绩的同时也应该把心思放在孩子的同伴交往上。

当有同伴来到家里做客时，你是否观察到孩子能够主动与其他同学分享自己的玩具和零食呢？当同伴取得好成绩时，你是否会观察到孩子是真心地为他感到高兴还是产生嫉妒心理呢？当受到同伴不小心的伤害时，他会选择主动去原谅吗？这些点滴的小事其实并不是小事儿，这都是形成孩子性格的一部分。作为家长，我们是否会真的留意这些小事儿吗？

你真的了解你的孩子吗？你真的了解孩子是否具有豁达的心态吗？作为家长要全方面地关注孩子的生活，用自己的眼光和视野去拓宽孩子成长的道路，去培养孩子的好性格。

越包容的孩子越受欢迎

在日常生活中，在孩子与同伴的交往中，我们会发现、会好奇，为什么有些孩子会如此受到大家的欢迎呢？为什么有些孩子会拥有好多好朋友呢？为什么有些孩子会如此受到长辈和老师的爱戴呢？

其实，孩子并不是自己想办法去博取大众的喜爱，而是他拥有一个好性格，因为他学会了包容，拥有一个海阔天空般的心态。

具有包容心态的孩子懂得如何与他人正确交往，在与人相处中往往能够付出，而不是一味地去收获，这样才能够让同伴信任。具有包容之心的孩子会体谅他人，会处处为他人着想，而不是仅仅计较，为自己的利益而绞尽脑汁。具有包容之心的孩子，常常是自信的，始终相信通过自己的努力总会获得成功，这样，在看到同伴的好成绩时不会产生嫉妒心理。

相反，如果一个自私、处处为自己着想的孩子，凡事都是以自己的利益为重的孩子会得到大家的认可吗？他们的狭隘往往会影响其一生的发展，不仅是成绩，更关系到一生的幸福。

利己主义的孩子，在小事上就能显露出自己的真性情。他们生活在温室中，从来不会受到风吹日晒，在生活中处于衣来张手、饭来张口的地位，他们先想到的永远是自己，不会为别人着想。这种自私的性格在与同伴交往中会显露出来。

小森今年是幼儿园中班的小朋友，张老师经常会向家长了解小森在家里的情况，经常会问小森在家里是如何成长的，是在怎样的家庭环境下长大的。小森妈妈对此感到好奇，为什么张老师会如此关心他在家里的表现呢？

原来，经过与张老师交谈得知。小森在幼儿园里经常会出现与其他小朋友争抢玩具的情况，当他遇到自己喜欢的玩具时从来不会分享给别人，别的小朋友想要看玩具的话他就会哇哇大哭。这样以来，无论是玩积木，还是玩玩具，小森渐渐地都远离了大家，总是活在自己的小世界中。

得知情况后，森妈妈知道了事情的严重性，责怪自己和家人平时太宠溺孩子了，这样非常不利于孩子社会性的成长。森妈妈改变了以前对孩子处处依顺的态度，锻炼孩子自己动手的习惯，通过讲故事来教育孩子与人分享的好处，让他明白自己不能太自私。

从上面这个案例中可以看出，孩子包容的性格是从小形成的。如果一个人常常以自我为中心的话，往往只会活在自己的小天地中，会遭到同伴的抛弃。我们要通过生活中的小事，让孩子明白包容的作用，让孩子感受到以自己的力量帮助他人的快乐。

在与同伴相处中，需要双方共同的付出与包容才能建立良好的同伴关系。通过实践可以发现，包容的人往往能够知道人无完人，明白每个人都有缺点和优点，不要只关注对方的缺点而忽略优点。在学习中，小组学习需要发挥各自的长处才能快速地找到问题的答案，在团队合作中，需要集思广益才能高效地按计划进行。如果一个人只关注对方的缺点，那么又该如何团结在一起呢？

在与朋友相处时，懂得包容才会受到大家的欢迎。包容是不计前嫌，包容是向前看，不计眼前的利益得失。当朋友因为一句无心的话而受到伤害时，当同伴因为重要的事情而忘记约定时，你的孩子是否会为之恼怒不止呢？懂得包容的孩子会呵呵一笑，不放在心上，朋友也会为他的大度而感到敬佩，这样的人难道不会受到大家的欢迎吗？

在家庭的相处中，懂得包容的孩子也是家庭的润滑剂。父母为孩子提供的环境也许不是一流的，父母也会有错怪孩子的时候。如果他能够体谅父母的不容易，能够换位思考，不随便发脾气，试想这样的孩子不会受到父母的欢迎与喜爱吗？

由此可见，一个良好的性格会对孩子的同伴交往、家庭交往具有深远的影响，它的影响绝不是暂时的，而是伴随孩子一生的。当我们知道一个好性格对于孩子的巨大作用时，就应该反思自己的教育，就应该从现在开始，用自己的智慧去培养孩子包容的性格，让他成为一个受大家欢迎的人！

教孩子学会“包容”与“原谅”

孩子的好性格将会伴随着孩子的一生，在孩子的交往过程中，由于受孩子的年龄特点和生活经验的影响，孩子经常会遇到矛盾和冲突。对于孩子来讲，在解决矛盾和冲突的时候，蛮不讲理、任性是解决不了任何问题的。

从孩子出生的那一天起，家长对孩子就倾注了汗水和希望，交给了孩子很多东西，在教育孩子学会“道歉”的同时，也要教育孩子学会“包容“和”原谅”。

包容和原谅是孩子良好性格的重要表现，对于孩子生活和成长具有重要的作用。懂得原谅的孩子会受到大家的欢迎，会建立相亲相爱的同伴关系。

一个不会原谅的孩子是无法与同伴友好相处的，是不会受到大家欢迎的，是无法成就他人的，只是活在自己的狭小天地里。

学会了原谅，可以帮助孩子摆脱“自私”的性格；学会了原谅，可以帮助孩子学会与人正确相处；学会了原谅，可以让孩子学会换位思考；学会了原谅，可以让孩子为他人着想，培养责任意识。它的作用是无法用语言来形容的。

家长是孩子人生中的第一任导师，应该用自己的智慧和才能去教会孩子学会“包容“和”原谅”。

（1）增加孩子与同伴接触的机会。

所谓的经验是在解决一个又一个的矛盾中积累起来的。孩子正确对待事情的人生态度也是在解决矛盾的过程中形成的。我们要为孩子提供充足的机会，给予孩子空间去接触同伴，接触不同的人。家长可以主动邀请孩子的好朋友到家里来做客，让孩子主动分享自己的玩具和零食，在交往中出现了问题，让孩子以自己的方式去解决。带孩子去走亲访友，让他接触不同的环境，多参与社会性活动，体验不同的人和事。通过观察可以发现，经常带孩子接触社会、接触大自然的孩子会拥有一个宽容博大胸怀，面对生活中的小事时不会斤斤计较。

（2）了解人无完人。

让孩子明白每个人都有不同的特点，每个人都有自己的境遇和环境，每个人都有自己做事情的出发点。处理事情的方式不同是很正常的，不一定别人都会按自己的方式去做，要包容别人处理事情的方式。每个人都有犯错误的时候，自己也会有失误的时候。

（3）让孩子理解原谅别人的作用。

当朋友犯错误时，选择了原谅就意味着给对方一个改过自新的机会，这样的话会让朋友知道自己所犯的错误，从而在实际行动中改变自己的行为，改正自己的错误。选择原谅，可以帮助对方重新建立自己的信心，重新开始自己的人生。这样，不但可以让对方获得成长，还可以让自己获得友情。

（4）让孩子明白是非对错的标准。

作为父母，要让孩子从小就能明白是非对错的标准，当对方犯错误的时候，让孩子明白所犯错误的大小，对于犯了有损道德、触犯法律的事情自己心里要有数，不能助长对方犯错误的程度。这时候可以采取灵活的手段，请求老师、同伴的帮助，劝解、诱导帮助对方改变自己的想法，从而降低对方犯错误的可能。要建立一套自己的内心防线，在自己可以承受、可以原谅的情况下去原谅，而不是任何事情都能原谅，做一个老好人。

（5）父母要做好榜样，遇到事情时不要冲动。

父母是孩子一生的榜样，孩子从一出生开始就受到家长言行举止的潜移默化的影响，孩子处理事情的态度和方式也深受父母的影响。父母要时刻警醒自己，提高自己的思想修养，在夫妻相处过程中，在与同事、邻居相处过程中，要保持宽容的心态。当别人犯错误时，自己要冷静，不要大声斥责、埋怨。自己先学会原谅后才能教会孩子怎样去原谅别人。

原谅和包容的性格品质对于孩子的成长和孩子的人生具有重要的作用，它有利于孩子形成良好的同伴关系，关系到未来的生活与工作，关系到孩子将来的幸福。学会原谅与宽容是孩子一生的必修课，孩子的学习与成长都需要一定的时间，我们要增强自己的耐心，留给孩子成长的空间。

遗忘是医治“创伤”的最好良药

任何事情都不是一帆风顺的，孩子的成长也是如此。从孩子出生的那一刻起，如果想要获得真正意义的成长，它的道路必定不是一路平坦的。在孩子的成长过程中，总会遇到泥泞和坎坷。

在面对坎坷时，有的人选择了逃避，从此一蹶不振；有的人选择了直面困难，通过自己的双手扒开乌云见月明；有的人被困难所击倒，被拍在了沙滩上。

其中，在面对困难、失意创伤时，孩子的态度决定着一切。其中，选择遗忘就是最好的办法，能够让你的孩子重振旗鼓，直面人生的波涛。

也许孩子会因为一场考试的不如意而郁郁寡欢，也许会因为与同伴间的矛盾而闷闷不乐，也许会因为家长没有满足自己的小愿望而不开心，也许面临自己的病痛而惴惴不安……作为家长，在这样的关键时刻，我们要拥有一双善于观察的眼睛，通过自己的智慧去培养孩子面对困难的勇气，让孩子在遗忘中成长，拥有大度潇洒的乐观心态。

“遗忘”是一种人生智慧，是一种正确的人生态度。在孩子面临的创伤中，选择遗忘可以帮助他忘记烦恼，摆脱让他烦躁的环境；遗忘可以让他原谅朋友的过错，不会因为一件小事而斤斤计较，从而获得宽容大度的胸怀；遗忘可以让他重新开始自己的人生与梦想，让他明白每一个今天都是一个新的开始，从而获得豁达的人生态度。遗忘是医治一切创伤最好的良药。

那么，作为家长的我们，该如何培养孩子学会看淡坎坷，在遗忘中奋力前行呢？

（1）培养孩子的兴趣爱好，转移注意力。

每个人都有自己的特点，都有自己感兴趣的事情。培养孩子的兴趣是忘记烦恼的好办法。当孩子为自己的成绩不理想而哭泣时，虽然身为家长的我们心急如焚，可以适时让孩子选择忘记，让孩子暂时离开让他感到有压力的地方。可以让他听一听平时喜欢的音乐，可以让他看一场自己喜欢的电影，可以让他弹一弹自己喜欢的曲子。让孩子做自己平时感兴趣的事情，可以让他看到自己的闪光点，重拾自信心，可以分散注意力，把自己的不如意转化为前进的动力。

（2）引导孩子“学会倾诉，分享自己的心情”。

在现在这个社会中，孩子的学习压力过大，家长尤其重视孩子的成绩问题，往往会与孩子产生矛盾和冲突。家长在关注孩子成绩的同时，也要关注孩子的心情与情绪。家长要学会察言观色，通过与孩子平和的交流，了解孩子日常行为表现和在学校中的事情，这样可以帮助家长了解孩子的近况。当孩子遇到问题时，在学校与同伴起冲突时，家长可以引导孩子学会与人交往。孩子在分享、倾诉了之后自然就会忘记烦恼，忘记自己遇到的坎坷。

（3）家长要做好榜样，遇到事情时要豁达。

家长的行为对于孩子来说就是一面镜子，如果你平时不注意自己的言行举止，那么你就很有可能会误导孩子，对孩子产生不利的影响。试想一下，夫妻之间如果对于双方发生的错误一直耿耿于怀，难以忘记的话，那么又该怎样教导孩子宽容别人呢？在面对裁员、批评、不顺利的事情时，作为家长，我们首先要学会忘记，不要把不如意时刻写在脸上。这样，我们的孩子面临坎坷时才能够豁达对待。

（4）帮助孩子确立目标，为了目标而努力。

孩子在遇到坎坷时，可能一时会出现失意的表现，会丧失生活的自信心。身为家长的我们要时刻鼓励孩子，结合自身情况，帮助孩子确立人生的目标，忘记那些阻碍自己前行的坎坷，朝着自己的梦想迈进。当孩子有了自己的人生目标后，面对挫折就会重振旗鼓，继续前行。

在面临人生困境时，选择遗忘，可以收获豁达；在面对与同伴冲突时，选择遗忘，可以拥有一个美好的心情，收获友情。遗忘，可以让自己收获自信，相信一切都可以重现开始。 在生活中，身为家长的我们要时刻关注孩子的行为表现，帮助孩子形成乐观的心态，选择忘记生活中的不愉快，教育孩子做事情不能太斤斤计较。

不要一心执着于成就与收获

在孩子的成长过程中，大多数家长把孩子的成绩放在第一位，总是看重孩子的成绩，却忽略了孩子是否生活得快乐。这样极其不利于孩子身心的健康成长。

有多少学生还没有到中学，她的双肩已经背负起了沉重的书包，背负着父母的梦想；有多少家长为孩子报了各种各样的培训班，担心孩子会输在起跑线上；又有多少孩子为了所谓的学习失去了人身自由。这样的例子实在太多太多。

一心关注孩子的成绩与成就，会在无形中增加孩子的压力，会让他在追梦的过程中背负太多的包袱。这时候，我们的关注对他来说就是一种负累，这样反而不利于他的成长。

一心关注孩子的成就与收获，会让孩子忘记为何而出发，会忘记享受生活中过程的美丽，对他们来说，眼中只会有无数次的成功和失败。他们会为了达到父母的期望，强迫自己去放弃自己喜欢的东西，而无法体会到生活中的快乐。

一心关注孩子的成就与收获，会让孩子放弃自己爱好，失去了自我。如果一个人没有自己的爱好，只是无休止地学习，做题，那么生命又有何意义呢？试想一下，孩子们都成为考试的机器，那么人和人之间怎么去相互交流、分享人生中的精彩？

一心关注孩子的成就与收获，会让孩子只会关心自己。如果每一个人都只是奔着第一而去，那么他还会关心周围的人和事吗？他还会体谅、包容他人吗？当他步入社会后，还能够学会与人友好相处吗？

一个眼中只关注成就和收获的人，也许在学生时期能够获得骄人的成绩，可能会得到老师的夸奖与欣赏，可能生活在周围同学羡慕的眼光中。在学生时代，他可能会是一帆风顺的，但是作为家长，我们能够守护孩子一生吗？

他终究还是要步入社会，生活在与人相处的真实世界中。当他遇到困难，他又该如何化解？他能够经受起生活中的失败与打击吗？答案是否定的。这时候，我们又该如何帮助他学习与人交往的技能，重拾直面生活困难的勇气呢？

可能身为家长的我们，真的没有想那么远，我们真的没有想过孩子的以后，真的没有想过除了学会学习理论知识外，他还应该学习面对人生豁达的态度，面对挫折后重新站起来的勇气。

身为家长，你可能也会采用同样的方法，打着“一切为了孩子好”的幌子去剥夺孩子的自由，你是否已经忘记了孩子无奈的表情？面对孩子的茫然与无措你是否已经释然？面对孩子痛苦的学习你是否也无动于衷？

其实，父母那份望子成龙，望女成凤的心情大家都会懂，我们都希望孩子能够有所作为，都希望孩子能够取得傲人的成绩，都希望不惜一切代价让孩子考取功名，都希望孩子成为家长的骄傲。

但是，反过来想一想，一心让孩子执着于成就和收获的初衷又是什么呢？答案只有一个，不是满足父母的虚荣心，不是让父母脸上有面子，不是为了得到别人表面上的夸赞，而是让孩子收获快乐，让孩子在快乐中成长。这才是孩子应该得到的，这才是孩子想要的。

人生需要放下，需要放下压力，放下虚荣，放下表面的浮华，从而回归生命的本质，那就是去包容，去体谅，去收获豁达潇洒的人生。

所以，从现在开始，我们要摒弃以前固有的观点，在关注孩子成就和收获的同时，也要关心孩子的生活。让孩子在学习的同时，也要让孩子懂得过程才是最重要的，要懂得享受为目标奋斗的过程，而不只是那一个没有分量的结果。

我们要给予孩子自由和空间，让他在与人相处中收获意想不到的惊喜，让他知道除了学习，还要懂得为人处世的道理。我们要通过自己的行为示范，让孩子收获人生中该有的那份勇敢、自信和坦然。这才是最重要的。

对别人要求少一点，对自己要求多一点

在孩子的成长过程中，在孩子与人相处的过程中，你是否会发现他往往会忽视自己的缺点和错误，不懂得体谅和宽容别人？

“严于律己，宽以待人”是我们为人处世的行为规范。在与人相处中，要对自己要求多一点，对别人要求少一点，这样才能够成为一个有担当、勇于付出的人。

严格要求自己，就是学会律己，学会自己管理自己。宽以待人，就是学会要原谅别人的错误，对待别人要有一颗宽容之心。

严格要求自己，就是正确认识自己，知道自己该做什么和能做什么，并且能够付出于行动；宽以待人就是对别人不斤斤计较，不要盯着别人的错误不放。

对别人的要求少一点能够让自己养成宽容的心态，不苛责别人，能够帮助自己形成不抱怨豁达的人生态度；对待自己要求要多一点，能够让自己有责任心，明确人生的目标和方向。

那么，作为家长，我们该如何培养孩子多付出，有责任心的良好品质呢？

（1）给予孩子付出的机会，做力所能及的事情。

孩子的成长深受家庭环境的影响，这也是对于孩子成长具有重要作用的外在因素。虽然现代社会中，溺爱孩子的现象不胜枚举，但是作为家长应该坚守自己的教育观点。家长要从小让孩子做一些力所能及的事情，让孩子懂得自己作为家庭的一份子，需要付出的辛苦和劳动。让他从小就参与到打扫卫生的劳动过程中，擦桌子、扫地等，让他知道没有付出就没有收获。小时候给予孩子自己穿衣服、系扣子、整理玩具的机会，让他知道自己的事情要自己做。长大后要让他为家庭贡献自己的一份力量，帮助父母布置家庭环境。

这样孩子在小时候就已经树立了主人翁意识，就能从实际行动中明白责任的意义。以后做事情时，就会形成自己付出劳动，在劳动中体验到成功的喜悦。

（2）帮助孩子学会换位思考，站在对方的角度去思考问题。

在与人相处中，孩子遇到问题时通常只会站在自己的角度去思考问题，不会站在对方的角度去思考。在幼儿时期，当你的孩子争夺别人玩具时，家长就应该教育孩子："如果你的玩具被别人抢了你怎么想？""当小朋友撕你的书时你是什么感受？"通过家长设置不同的问题来引导孩子学会站在对方的角度去思考问题。

站在对方的角度看问题，会更加了解对方，理解对方的立场。这样在长期的相处中，就会减少对对方的要求，逐渐形成宽容、包容的心态。

（3）学会原谅，懂得感恩。

教育孩子学会感恩是孩子成长当中的必备之课。一个不懂得感恩的孩子是不会付出的。只有懂得感恩才能够体会到父母和长辈的不容易。家长的言传身教对于孩子的成长具有非常重要的作用，家长自身要学会感恩，自己要以身作为，承担起家庭的责任，孝敬老人，让孩子在耳濡目染的家庭教育环境中获得成长。当孩子长大后，也会以自己的父母为榜样，用自己的付出来换得家庭的快乐与和睦，就会明白努力的意义。

（4）教会孩子正视别人的错误。

"人非圣贤，孰能无过"。从小就让孩子知道每个人都有缺点，要学会正视别人的缺点。理解犯错误时不要用自己的行为方式去苛责别人，尤其是面对别人的错误时不要喋喋不休，没有必要抓住别人的错误不放。要学会用宽容的心对待别人，只有宽容才能够建立友好的感情。

也许我们会因为工作忙碌而忽视对孩子的教育，也许会因为疏忽而忘记对孩子性格的培养。但是身为家长，一定要端正自己的态度，要意识到孩子性格对于孩子成长的重要性，一个懂得付出的人才能够真正获得生活中的快乐，一个懂得宽容、懂得原谅的人才能够获得别人的原谅。

对别人要求少一点能够达到海阔天空的局面；对自己要求多一点的孩子才能够真正懂得付出的意义。所以，要想孩子拥有快乐、知足的人生，那就让他先学会付出和原谅吧！

第十二章
幸福生活智慧：感知幸福，让孩子的生活更美丽

生活是一种能力，快乐是一种性格，千万不要只顾培养孩子的事业心，而忽视了其生活的能力和感知幸福的能力。

不是每一个人都懂得怎样快乐生活

会生活是一种能力，快乐的生活是一门艺术，这就与那句俗语相贴合——“生活需要艺术”。

学会快乐的生活能够让人感觉到如沐春风般的温暖；学会快乐的生活能够让人体会到生活是多彩美丽的；学会快乐的生活能够让人感觉到人生的价值得以实现；学会快乐的生活会让人感觉到整个人生都是无憾的。

有关研究表明，能够发现生活中的快乐、能够快乐生活的孩子的情商是比较高的。因为人一般是在快乐中学会成长，在快乐中孩子能够轻松地学习，能够轻松地与同伴交往，而不会有任何的压力和负担。

孩子们的生活没有必要充满忧愁，没有必要为了学习而失去生活中的快乐，失去每一次与同伴轻松玩耍的机会，放弃和家人一起开心生活的机会。如果学习的初衷只是为了考取一个好成绩，只是为了让家长得到心理上的满足，那就失去了学习的意义。

一般说来，会生活，会享受生活中快乐的孩子能够拥有一个积极活泼的性格，以后再面对生活中的挑战和难题时，具有战胜困难的勇气，而不是面对挫折时一蹶不振，这样的孩子才能直面生活的风雨。

会快乐生活的孩子能够把自己的好情绪传染给他人，让他人也能够融入其中，这种感染人的能力是其他孩子比不了的。在任何情况下，会学习，会在学习的同时学会释放自己的压力，会在学习之余发现生活中快乐的孩子更加容易受到老师、朋友的欢迎。

然而，在现代社会中，作为家长的我们可以明显地感觉到，不是每一个人都懂得怎样快乐地生活。有些家长在无形中就已经剥夺了孩子快乐成长的能力，把自己的人生观念和价值观念于强加到了孩子的身上。这样，家长的行为已经严重影响到了孩子处理事情的能力，享受快乐的能力，这对于孩子的成长起了严重的阻碍作用。

每个孩子都具有尽情享受生活中美丽、快乐的能力，并不是每个孩子都是自己主动形成这种能力的。这需要家长的教育和引导，需要家长的榜样作用和行为示范，需要家长带领孩子通过一点一滴的小事慢慢地积累形成的。

那么，应该如何培养孩子从小就学会发现、享受生活中的快乐和美丽的能力呢？

（1）引导孩子善于发现生活中的真善美。

生活中的美丽是无处不在的，这需要我们不断地去探索、去寻找。父母在孩子小时候就要让孩子学会自己去发现、去探索，把探索的主动权交给孩子。让他自己用眼睛去发现生活中的美丽，而不是让家长一味地去灌输、去培养。

孩子是学习的主体，我们要在日常生活中给予孩子主动探索的机会，给孩子提供充足的材料和玩具，让孩子在实践中获得经验，获得知识。这样，他才能够具有探索的意识，才能够在将来的生活中主动寻找生活中的美丽并体验其中非凡的快乐。

（2）帮助孩子确立正确的人生目标，使其目标多元化。

许多家长在孩子小时候就教育他要在考试中取得优异成绩，让他确立成绩优异这样的人生目标。这是极其不对的。这样的单一目标只会让孩子感受到学习的压力，体会不到生活的快乐。

家长可以让孩子根据自身的特点，确立多元化的目标，让孩子在自己喜欢的领域内去学习。除了学习目标以外，还可以确立生活目标，让孩子从小就知道快乐的生活才是最重要的，而不是单一地去学习。

（3）给予孩子表达的机会。

孩子对于这个世界、对于生活中的事情是有自己的想法和看法的。家长可以在生活中鼓励孩子去表达自己的想法，并且给予他积极的回应，而不是采取漠然的态度。这样，孩子在讲述自己生活中有趣的事情时，就会发现并感受到生活中的快乐。

家长同时也要发挥自己性格中的积极因素去感染孩子，让孩子有一个乐观的态度，这样我们才可以让孩子在快乐中健康成长。

在孩子的性格里种下幸福的基因

有句话说得好，一个人的语言将决定他的行为，一个人的行为将决定他的习惯，一个人的习惯将决定他的性格，一个人的性格将决定他的命运。由此可见，一个人拥有一个好性格、拥有能够感知生活幸福的能力，才能够活得开心，活得快乐。

如果一个孩子没有好的性格，只是靠学习是无法感受到生活的美丽的；一个没有好性格的孩子的生活是枯燥的，无法享受到生活中的快乐。

孩子的性格都是在小时候逐渐形成的，当性格形成后，在成年的时候是不会轻易改变的，一个人的性格将会影响他的一生。所以，我们一定要高度重视，要有意识地培养孩子的行为习惯、培养其性格。

那么，作为家长的我们，该如何用自己的语言、行动去培养孩子自信、乐观的性格，该怎样为孩子种下感受幸福生活中的基因呢？

（1）教会孩子爱自己的家人。

俗话说得好，在爱别人的同时才能够看到自己的人生价值，才能够看到自己的能力与善良。我们首先要爱自己的家人，让孩子在小时候就在一个充满爱的家庭中成长，这样孩子长大后，也会记得爱自己的家人。只有当全家人都体会到快乐时，自己才会感觉到幸福。

（2）培养终身受用的兴趣。

一个人的兴趣将会影响到孩子的生活，一个对生活失去兴趣的人是感受不到生活的快乐的。所以，我们不要让孩子只是沉浸在学习当中无法自拔，除了学习找不到适合自己的事情可干是可悲的。

兴趣没有高低贵贱之分，不论是高雅的还是通俗的，无论是大家都喜欢的还是比较冷的兴趣，如音乐、美术、手工、协作、集邮，这些兴趣将会让孩子的一生受益，这些兴趣能让孩子充满期待，对生活充满信心和阳光。这样孩子在做自己感到有意义、感受到开心的事情时，才能够过得开心和快乐，才能体会到生活中幸福的滋味。

（3）学会欣赏孩子，夸奖孩子。

请一直用孩子刚出生时欣赏的眼光去看待他。孩子需要欣赏，在欣赏孩子的同时，也要让孩子体会到关爱。我们用自己的肢体语言和动作去夸奖孩子时，孩子将会受到莫大的鼓励，将来他在面对其他环境和人时，他也会感受到关爱，也会感受到生活中的幸福。

（4）要学会独立，尝试去做各种各样的事情。

孩子的认知是在实践过程中发展起来的，孩子在实践中认识这个世界，了解自己。当孩子有了自己喜欢做的事情时，他就找到了自己的价值，就看清了自己在这个世界的位置。

孩子在尝试到做不同事情的同时，他才能够享受到其中的快乐，如果我们只是单纯地靠家长讲述，孩子是无法体会到其中的乐趣的。

家长要给孩子提供机会，让他在小时候自己去做自己感兴趣的事情，去经历自己应该经历的事情，让他在做的过程中发现并体会生活中的美丽。

（1）主动承担家务，做力所能及的事情。

我们在任何时候都要学会付出，因为有付出才有收获，一个自私的、不会付出的人是不会体验到付出和收获的快乐，更不会体验到生活的美好。家长可以在孩子小时候就分配给他家庭的任务，让他明白自己是家庭中的一份子，也需要付出劳动才能够享受到劳动的果实。

（2）培养孩子诚实、善良、孝顺的性格。

诚实、善良、孝顺是每个人都必须具备的品质，家长从小就要培养孩子诚实、善良、孝顺的性格。否则，当孩子长大成人后，他不会受到大家的认可和欢迎，这样的孩子是不会感到幸福的。

用丰富的体验去完善性格

在孩子的成长过程中，孩子需要接触不同的新鲜事物，需要在不断体验、不断感知中丰富对这个世界的认识，从而去丰富完善其性格。

孩子在接触不同的人、不同的事物中才能开阔眼界，才能够拓宽自己的视野，这样才能够为形成一个豁达、宽容的性格打造良好的基础。

通常，接触外界越多的孩子表现为性格开朗活泼，遇到事情时能够从多方面去想，能够换位思考，从不同的角度去观察、理解、探索这个世界，去体会不同的生活。

一个视野不够宽广、经常把自己困在一片小天地的人不会感觉到这个世界的美好，不会认识到事物的多面性，容易形成偏激的性格，往往欠缺处理事情的能力。

如果家长的生活圈子狭窄，只是穿梭于工作之间，不去接触朋友，参与社会活动，这样的人往往做事情比较极端，容易养成孤僻的性格。孩子在这样的环境中长大，无法接触社会和他人，他的性格也会比较偏激。

在孩子的性格形成时期，父母的引导是极其重要的，家长该如何让孩子通过丰富认知去形成一个良好的性格呢？

（1）增加接触大自然的机会。

一切自然皆教育，大自然就是孩子最好的课堂，在认识自然、发现自然中各种各样美丽的事物后，孩子就会丰富对于自然的体验，在广阔的视野中，有助于培养孩子豁达的性格。

例如，在每年的 3 月 12 植树节时，小芳的妈妈就会带领她参加植树活动。在植树活动中，小芳非常开心地和妈妈一起种树，精心的选好小树苗，细心地浇好水。在植树活动中，她认识了平时生活中不常见的树种，了解了叶子的基本特征。

（2）尝试与不同性格、年龄阶段的人群接触。

孩子的认知体验过程主要是通过与人相处的过程。与人交往的过程就是自己学会思考、学会辨别是非、学会交流沟通、学会为他人着想的过程。孩子一旦有了与人交往的经验，就会认识到人与人之间的关系与感情，当朋友遇到困难时，及时帮助可以体验到助人为乐的快乐；当与人发生矛盾和冲突时，能够体验到谦让的认知，在解决矛盾过程中感悟到“忍一时风平浪静，退一步海阔天空”般宽广的胸怀；与长辈、亲人接触的过程中，能够丰富对于付出与接受的认知，能够加深他们对尊老爱幼、孝敬长辈这些宝贵品质的理解，并且有助于他们付诸于实践。良好的品格离不开与不同人的相互接触。

（3）提高孩子分析问题、解决问题的思维能力。

在丰富孩子认知的时候，除了知识积累和增加生活阅历以外，还需要提高孩子分析问题和解决问题的能力。孩子分析问题的能力是在小时候就形成的，家长要多留给孩子想象、思维的空间，保护好孩子的好奇心。当孩子有疑问时，要积极耐心地讲解和引导，而不是采取置之不理的态度。当孩子学会思考时，就会提高孩子的认知能力，有助于形成积极思考的性格。

（4）让孩子学会积极的表达和表现。

现在的父母，因为爱孩子，总是喜欢什么事情都给孩子包办，包括吃饭、穿衣、洗澡、收拾玩具等等。其实，这些简单的劳动有助于丰富孩子对于生活的体验，有助于孩子形成爱生活的意识。孩子在小时候都喜欢劳动，并且能够在劳动中获得知识。

例如，小林就喜欢劳动，她经常帮助妈妈洗菜，在洗菜中，她可以学习认识各种蔬菜，学会分辨液体和固体。她摘菜的时候也很认真，一根一根排列得很整齐。孩子在做事情的过程中不仅体验到了劳动的快乐，而且还丰富了对于蔬菜的认知，还有助于形成好动手、认真、耐心的性格品质。

一个好的性格是在不断认知、不断体验的过程中逐渐发展的，所以，我们要关注孩子的认知，多为孩子创造认识这个世界的机会。

让孩子成为一个懂得感恩的人

想要拥有一个美丽的生活，需要学会感恩开始。“谁言寸草心，报的三春晖”“滴水之恩，当涌泉相报”，说的都是感恩。

感恩是中华民族的传统美德。但是在现代的社会中，许多孩子似乎对于感恩有点陌生，有的孩子不仅不知道为什么要学会感恩，也不知道该如何去感恩。面对这种现象，我们需要去深思。

学会感恩对于孩子的成长至关重要。如果缺乏感恩的思想，就会变得冷漠和自私，现在孩子大多数都是独生子女，许多孩子都认为家长照顾自己是天经地义的。他们根本不懂得感恩父母，也不懂得体会父母的艰辛与付出。

不懂得感恩的人，会给人带来一种冷漠和残酷的感觉，这样的人是不能在这个社会中生存的。所以，我们要从小就培养孩子学会感恩，学会感知这个世界的美好，在享受的同时也要学会付出。

那么到底什么是感恩呢？感恩的意义又会是什么呢？感恩就是对于自己的现状满意，对于别人的付出拥有感激之情。当你接受了别人的帮忙、礼物时，应该及时地表达自己的感激之情。

在一所南方学校，一位老师做了一个关于感恩题材的实验，布置了一道课后题，是让学生为自己的父母洗一次脚。结果，大多数学生对此都表示不理解，甚至有的学生认为这根本不是自己应该做的事情，他们认为当下自己的任务就是学习。

由此可见，现代社会中孩子们对于感恩的理解是如此的浅薄，是如此的不能体会父母的用心良苦。

那么，该如何培养孩子的感恩之心呢？

我们要先让孩子明白感恩的内涵，然后通过自己的感知，用自己的方式去表达心中的感谢和感激。

父母的行为就是孩子做事情的一面镜子，家长的家庭教育对于孩子形成感恩的品质具有至关重要的作用。让孩子学会感恩，首先要从父母的教育开始，在孩子小时候就要对孩子进行感恩教育。其中，具体的措施如下：

（1）父母做好榜样作用，用自己爱长辈的行为去感染孩子。

“言传身教”是最好的教育。现在家长的生活压力日益增大，工作繁琐，让人有种喘不过气来的感觉。但是无论家长平时的工作有多忙，即使在自己非常累的情况下，都要记得孝顺家里面的老人。因为，你自己对于长辈的言行举止，孩子都看在眼里，并且随着时间的变化，这种行为会慢慢地浸透到孩子的心中

小华父母在这方面就做得非常好。在对待老人的态度上，小华的父母经常使用“行”“谢谢”“对不起”的语言，在这样的氛围下，小华也渐渐形成了对长辈该有的尊重态度，对于家中长辈的付出，小华在举手投足都表示着感谢，并且以自己的方式去回馈长辈对于自己的爱。

（2）为孩子讲解感恩的含义与意义。

身为父母，除了在生活中用自己的举止来影响孩子、感染孩子，也需要对孩子进行正面的引导和教育。教育孩子在人际交往中，要学会帮助别人，并且对于曾经帮助过自己的人表示感谢。父母要提醒孩子只有这样，才能够缩短人与人之间的距离，才能够建立起真正的友谊。

例如，可以与孩子共同阅读有关感恩题材的文章，共同辨别、分析文章中的感恩行为，增加对于感恩的理解；可以观看与感恩有关的电视剧，让孩子在观看过程中，学会理解，学会体验感恩的真正意义。

（3）培养孩子的责任感和荣誉感。

由于每个年龄阶段的孩子性格是不同的，家长要根据孩子所处的不同年龄阶段，有意识地培养孩子爱劳动的意识，让他知道自己有责任和义务为家庭做出属于自己的一份贡献。这样他才能体会到父母的不容易，才能够学会感恩。

在增加孩子对于家庭责任感的同时，家长要为孩子创造参与社区服务的机会，让孩子在参加公益性活动中感受到助人为乐的快乐，体会到

自己的付出的快乐，从而增强了自信心，相信自己有能力为这个社会做一点事情。

除此之外，家长也要让孩子明白那份真心，那份真意，要学会珍惜别人的付出。这样才能够培养孩子的感恩之心。

学会分享，生活可以更美一点儿

“分享”是一个人应有的品质，学会分享才能够感受到生活中的美丽。学会分享，能够让家庭充满温暖，有助于促进家庭和谐。一个人人会分享的家庭减少了不必要的纷争，减少了不必要的矛盾，让这个家庭其乐融融。学会分享，能够让朋友间融洽相处，缩短人与人之间的距离，增加了那一份理解和关爱。学会分享，能够让孩子健康成长，能够体会到分享的快乐，能够体会到自己的人生价值，感受到自己的能力，培养起自信心。

现在大多数孩子都是独生子女，他们往往以自我为中心，表现出严重的自私主义。自私的孩子不舍得把自己的东西分享给别人，不允许别人碰自己的东西，不懂得谦让和克制。

现在家长和长辈对于孩子过分宠爱，家中的一切都是以孩子为中心，对于孩子的过分要求也总是想法满足，不能让孩子受半点委屈。在这样的家庭环境中，孩子就逐渐形成了一切为自己着想、一切为自己所霸占的坏习惯，根本就学不会分享。

错误的教育方法是造成孩子不会分享、自私自利的一个重要因素。当孩子与同伴发生矛盾和冲突时，家长往往会偏袒自己的孩子，让孩子形成了娇惯、依赖的心理。

不会分享的孩子严重影响了孩子间的交流。一般说来，自私的孩子不受同伴的欢迎，往往会形成孤僻、偏执的性格。即使他拥有骄人的成绩，也不会感到开心、快乐。

所以，还是从现在开始，让孩子学会分享吧！只有学会分享，才能够感受到人生的美丽与多彩。

（1）让孩子学会分享事物。

在孩子小时候，就要在家庭中营造共同分享、好东西一起吃的氛围。对于任何好吃的事物，大家每个成员都要人手一份，让孩子从小就意识到，好的东西并不是只为他一个人准备的。随着时间的推移，孩子会逐渐形成分享习惯，有了好东西就会主动与家人共同分享。

（2）让孩子主动承担家庭责任。

让孩子在享受父母带来的基本生活物质条件时，也要让孩子意识到自己是家庭中的一份子，也有义务去共同打理好这个家庭。鼓励孩子自己的事情自己做，并且做一些力所能及的家务活，如收拾玩具、桌椅、扫地、擦地等。这样，会让孩子感受到自己生存的意义和人生的价值。

（3）家长要做好榜样。

父母是孩子主要模仿的对象，所以家长要做好表率。家长在家庭成员之间要共同分享，要与邻里之间建立良好的关系，相互帮助，相互分享。当家里人生病时，要学会照顾亲人；当外出坐公交时，要主动把自己的座位让给有需要的人；当别人有困难时，要主动伸出援助之手。

在这样一个充满爱的环境下长大，孩子就会在耳濡目染中学会如何关心别人把自己的好东西与同伴、亲人分享，并主动做一些助人为乐的事情。

（4）及时鼓励和赞扬孩子的利他行为。

鼓励对于孩子就是一种强化。在日常生活中，家长要有意识地培养孩子谦让、文明礼貌、相互友好的好习惯。当孩子主动表现出与同伴分享玩具、分享食物、主动让座等好的行为习惯时，家长要及时通过眼神、语言和动作等方式给予支持和鼓励。

（5）邀请同伴一起学习、一起玩耍。

在与同伴的接触和玩耍中，孩子会逐渐掌握与人交往的方式和技能。家长可以经常邀请他的同伴来家里玩耍，鼓励孩子主动拿出自己的玩具和好朋友一起玩耍，把自己喜欢的事物主动与大家共同分享。这样孩子在交往过程中，通过分享，可以获得友谊，体验到分享为大家带来的快乐。

可以带孩子参与社会实践活动，增加与同伴交流的机会，在交往中逐渐学会如何维护自己与他人的权益。

孩子的分享行为需要家长的鼓励，孩子的分享行为需要家长的引导。我们在生活中要作为一个有心人，在关注孩子成绩的同时，也要关注孩子的品德。

所以，让我们一起通过实际行动来培养孩子的分享行为吧！让孩子用心去感悟生活中的美丽，去发现美，探索美、体验美。